Johanna Friedl
Spielend für die Schule lernen

Für meine beiden wissbegierigen und lernfreudigen Kinder Jana Theresa und Tom David.
Für Jana, mit der ich viele der vorliegenden Spiele und Ideen entwickelt habe.
Für Tom, der mich mit seiner Neugierde immer wieder verblüfft hat.

Johanna Friedl

Spielend für die Schule lernen

Spiele zur Vorbereitung auf die Schule
und für erfolgreiches Lernen

Illustrationen von Silvio Neuendorf

Ravensburger Buchverlag

INHALT

K
B

Liebe
Lena
ich
dich
morgen

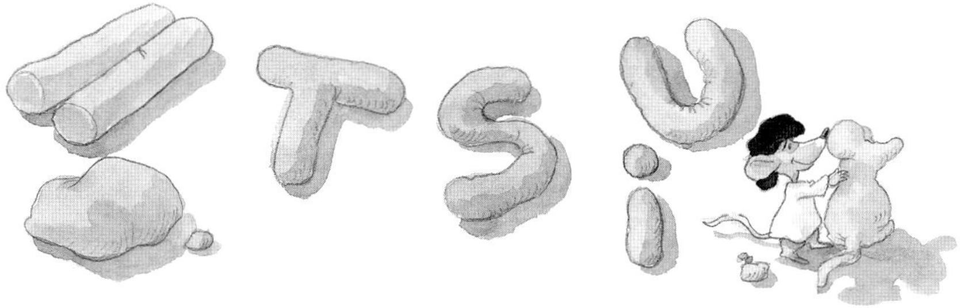

6
MALKREIDE

Vorwort

Wie Sie mit den Spielen dieses Buches Kinder ideal fördern

Wenn Kinder in die Schule kommen

Der Schuleintritt ist ein einschneidendes Erlebnis – für Kinder, Eltern und alle, die am Leben des Kindes Anteil nehmen.
Manche Kinder können es kaum erwarten, bis sie endlich Lesen, Schreiben und Rechnen lernen dürfen, andere würden lieber noch länger im Kindergarten bleiben und den ganzen Tag nur spielen. Sie wollen nicht so gerne in die Schule, weil sie fürchten, dass die Lehrkraft streng ist, weil sie still sitzen müssen und weil sie viele Hausaufgaben bekommen. Spätestens in den letzten Monaten vor dem Schuleintritt fragen sich auch die Eltern und andere Bezugspersonen des Kindes, was in der Schule auf das Kind zukommt und was es schon können und wissen muss, um in der Schule zurechtzukommen.
Ein Kind gut auf die Schule vorzubereiten und während seiner Schulzeit zu unterstützen bedeutet, es in seiner gesamten Persönlichkeit zu fördern. Schulfähigkeit hängt z. B. nicht allein von der körperlichen Entwicklung des Kindes ab, auch seine geistigen, sozialen und emotionalen Fähigkeiten sind für den Schulerfolg entscheidend. In der Schule muss das Kind selbstständig Aufgaben ausführen, es muss sich zu Wort melden und verstehen, was die Lehrkraft oder andere Kinder von ihm wollen. Es sollte in der Lage sein, sich auf eine Sache zu konzentrieren und sich die vielen neuen Dinge, die es lernt, merken können. Neben diesen Lern- und Leistungsanforderungen sollen sich Schulanfänger in eine neue Gruppe einfügen. Sie müssen lernen, auf andere zuzugehen, neue Freunde zu finden und auch Misserfolge verkraften können.

Spielend lernen

Die Spiel- und Beschäftigungsvorschläge in diesem Buch geben Anregungen, wie man mit dem Kind spielerisch die Fähigkeiten trainieren kann, die es in der Schule braucht. Beim spielerischen

Lernen stehen Spaß und Freude im Vordergrund, nicht der Blick auf die Noten oder das Schulbuch. Die Kinder können mit Vergnügen bei der Sache sein und ganz nebenbei Lernfortschritte machen, die ihren Schulerfolg unterstützen.
Spiele fördern die Konzentrationsfähigkeit und das logische Denken. Beim Spielen gewöhnen sich Kinder an das Einhalten von Regeln. Sie trainieren ihr sprachliches Ausdrucksvermögen und lernen Zahlen und Buchstaben.
Zu Recht gibt es Stimmen, die davor warnen, Kinder zu früh unter Leistungs- und Erfolgsdruck zu stellen. Kein Grundschul- oder Vorschulkind sollte sich wie ein Erwachsener hinsetzen müssen und pauken. Die in diesem Buch vorgestellten Spiele bieten die Möglichkeit, Kinder so zu fördern, dass sie Spaß dabei haben. Mit Spielen kann es gelingen, die Freude am Lernen und das Interesse an Neuem zu erhalten und gleichzeitig Selbstwertgefühl, Selbstständigkeit und Selbstvertrauen zu stärken.
Alle vorgestellten Spiele lassen sich ohne große Vorbereitung durchführen und sind jederzeit zu Hause, im Kindergarten oder in der Schule einsetzbar. Die Spiele sind geeignet für ein Kind allein oder auch für mehrere Kinder und Gruppen.

Wie dieses Buch aufgebaut ist

Zur schnellen Orientierung findet sich bei jedem Spiel eine Angabe zum Alter, der Anzahl der Spieler und den benötigten Materialien. Die Altersangabe besagt, ab wann in etwa ein Kind dieses Spiel begreifen und spielen kann. Sie bedeutet nicht, dass ältere Kinder dabei keinen Spaß haben. Man sollte auch bedenken, dass die Altersangabe nur einen Richtwert darstellt. Wenn das Kind offensichtlich wenig Gefallen an einem Spiel findet, könnte das ein Zeichen dafür sein, dass das Spiel das Kind noch überfordert.

Die Spielvorschläge sind in drei Kapitel gegliedert. Mit den Spielen im ersten Kapitel können solche Fähigkeiten gefördert werden, die Grundvoraussetzungen für den schulischen Erfolg bilden: Sprechen und Sprachverständnis, Zuhören und Aufgaben erfassen, Konzentration und Merkfähigkeit. Im zweiten Kapitel sind vielfältige Anregungen enthalten, um mit Buchstaben und Wörtern zu spielen und Lesen und Schreiben zu lernen. Im dritten Kapitel finden sich Spiele rund um Zahlen, Mengen und erste Rechenaufgaben.
Die Unterteilung eignet sich für die Konzentration auf einzelne Schwerpunkte. Dies kann vor allem dann nützlich sein, wenn man bei einem Kind Unsicherheiten oder Einschränkungen in einem bestimmten Bereich feststellt.
Beim Umgang mit den Spiel- und Beschäftigungsvorschlägen ist es wichtig, dem Kind Zeit zu lassen und ihm nach Phasen der Konzentration wieder Entspannung und freie Beschäftigung zu ermöglichen. Ermutigen Sie das Kind, eigene Ideen umzusetzen, selbstständig auszuprobieren und belohnen Sie seine Unternehmungen mit Lob und Anerkennung.

Grundvoraussetzungen für schulischen Erfolg

Wenn ein Kind in die Schule kommt, werden bestimmte Fähigkeiten und Fertigkeiten von ihm erwartet. Es soll über einen ausreichend großen Grundwortschatz verfügen, sich außerdem anderen verständlich machen können und diese verstehen. Auch soziale Kompetenz wird vorausgesetzt. Das Kind muss in der Lage sein, sich in die Gruppe einzufügen, sich anderen gegenüber zu behaupten, aber auch Rücksicht zu nehmen. Wenn Kinder vor dem Schuleintritt wenig Möglichkeit hatten, den Umgang mit anderen Kindern zu lernen, und nicht daran gewöhnt sind, sich auf andere Bezugspersonen einzustellen, fällt die Eingewöhnung in die Schule manchmal schwer. Diese Problematik kann den Kindern erspart werden, wenn sie regelmäßig einen Kindergarten besuchen. Das hat zudem den Vorteil, dass sie an einen festen Tagesablauf gewöhnt sind. Dazu gehört etwa das rechtzeitige Aufstehen oder den Vormittag außer Haus zu verbringen.

Kinder sind neugierig, unterstützen Sie diesen Drang. Um in der Schule erfolgreich sein zu können, muss ein Kind zudem lernen, sich auf die gestellte Aufgabe zu konzentrieren und sich nicht ständig ablenken zu lassen. Spiele, die in der Regel etwa 15 Minuten dauern, sind dafür bestens geeignet. Für diese Zeit sollten sich alle am Spiel Beteiligten nur auf das gemeinsame Tun konzentrieren. Seien Sie hierbei Vorbild: Unterbrechen Sie Ihre Teilnahme am Spiel nicht, um eben mal schnell etwas zu erledigen. Bringen Sie auch das Kind nicht aus dem Spielfluss, indem Sie zwischendrin die Erledigung einer Aufgabe verlangen, sondern fordern Sie es auf, die Aufgabe unmittelbar im Anschluss zu erledigen.

Im Spiel lernt das Kind, Regeln zu erfassen und sich an diese zu halten. Es lernt, sich zu konzentrieren, bei der Sache zu bleiben und gelegentliche Niederlagen zu akzeptieren. Spielerisch werden zudem der Wortschatz erweitert, das Sprachgefühl verbessert und die Merkfähigkeit gefördert. So wird das Kind ohne Druck schulfähig und erfüllt alle Grundvoraussetzungen für den schulischen Erfolg.

Sprechen und Sprachverständnis

Um Anweisungen und Aufgabenstellungen sowohl erfassen als auch ausführen zu können, ist es notwendig, selbst richtig zu sprechen und Gesprochenes zu verstehen. Nur wenn ein Kind die Bedeutung von Wörtern begreift, kann es beim späteren Lesen auch den Sinn eines Textes erfassen.
Sprechen und Sprachverständnis können schon sehr früh gefördert werden, indem man Kindern Geschichten, Bilderbücher, Reime und Rätsel anbietet und sie durch Fragen und Gespräche zum Sprechen anregt. Fordern Sie das Kind auf, nachzufragen, wenn es etwas nicht versteht, und gehen Sie auf seine Fragen ein. Besonders der Umgang mit guten Bilderbüchern von früher Kindheit an weckt nicht nur das Interesse an Büchern, sondern später auch die Leselust.

Alter:
ab 4 Jahren

Anzahl:
ein Kind und mehr

Materialien:
keine

Gegenteile

So geht's:
Dieses Spiel verkürzt die Zeit im Wartezimmer, im Auto oder auf einem Spaziergang. Das Kind wird aufgefordert Gegenteile zu finden: „Nenne mir das Gegenteil von groß!" oder „Die Maus ist klein, der Elefant ist ...", „Das Eis ist kalt, der Tee ist ..."

Blindgänger

Alter:
ab 4 Jahren

Anzahl:
ein Kind und mehr

Materialien:
keine

So geht's:
Man zählt dem Kind drei oder vier Wörter auf, unter denen es den „Blindgänger" herausfinden soll. Zum Beispiel: Hund, Katze, Puppe, Maus. Wenn es den Blindgänger richtig erkannt hat, soll es seine Wahl begründen. Also: Puppe passt nicht, da das ein Spielzeug ist. Auf diese Weise muss das Kind logisch argumentieren und lernt die Oberbegriffe kennen. Je sprachgewandter es wird, desto genauer kann es differenzieren: Messer, Gabel, Schüssel, Löffel – Besteck und Geschirr; Hund, Katze, Wellensittich, Sperling – Haustier und frei lebendes Tier …

Verkehrte Welt

Alter:
ab 5 Jahren

Anzahl:
ein Kind und mehr

Materialien:
keine

So geht's:
Man erzählt dem Kind eine Unsinnsgeschichte. Das Kind soll aufmerksam zuhören und „Papperlapapp" sagen, wenn es einen Fehler erkennt.
Ein Beispiel: „Gestern Nacht, als die Sonne hoch am Himmel stand, habe ich ein seltsames Geräusch gehört. Als ich aus dem Fenster sah, schlich gerade eine Katze auf ihren fünf Beinen leise vorüber und bellte laut vor sich hin. Genau in diesem Moment fiel eine Erdbeere vom Baum und landete genau vor dem Schnabel der Katze …" Ein anderer bekannter Text dieser Art ist das Gedicht „Dunkel war's, der Mond schien helle".

Tipp:
Besonders bei jüngeren Kindern kommt es vor, dass sie nach jedem Wort „Papperlapapp" sagen. Man kann vereinbaren, dass für jedes ungerechtfertigte „Papperlapapp" ein Pfand gegeben werden muss.

Wirkung:
Das Kind übt nicht nur aufmerksam zuzuhören, sondern auch Sinn beziehungsweise Unsinn des Gesprochenen zu erfassen. Es trainiert sein logisches Denken.

Theater spielen und telefonieren

Alter:
ab 4 Jahren

Anzahl:
ein Kind und mehr

Materialien:
Hand- oder Fingerpuppen, Verkleidungsutensilien, Spielzeugtelefon

So geht's:
Ausgezeichnete Anregungen zu freiem Sprechen und Erzählen entstehen, wenn Kinder mit Kasperfiguren spielen oder sich verkleiden und Theater spielen. Das Spiel mit einem Telefon, aber natürlich auch richtiges, selbstständiges Telefonieren, macht Kindern Spaß und fördert ihr Sprachverständnis und Sprechvermögen.

Mehrzahl bilden

Alter:
ab 5 Jahren

Anzahl:
zwei Kinder und mehr

Materialien:
Bildkarten, etwa aus einem Memory- oder Bilderlottospiel. Die Karten können auch mit ausgeschnittenen Bildern aus Katalogen selbst hergestellt werden.

So geht's:
Die Bildkarten werden gemischt und verdeckt auf dem Tisch ausgelegt. Reihum darf jedes Kind eine Karte aufdecken, es benennt den abgebildeten Gegenstand und bildet die Mehrzahl. Wer mag, kann auch einen Satz in Einzahl und Mehrzahl mit dem Wort bilden.
Hat das Kind die Mehrzahl richtig gebildet, darf es die Karte behalten, andernfalls wird die Karte wieder verdeckt zurückgelegt. Wer hat am Schluss die meisten Karten?
Spielt ein Erwachsener mit dem Kind allein, erhält er alle Karten, bei denen das Kind die Mehrzahl falsch gebildet hat.

Wortfamilien

Alter:
ab 5 Jahren

Anzahl:
ein Kind und mehr, Spielleitung

Materialien:
keine, eventuell Stifte und Papier

So geht's:
Die Spielleitung nennt ein Nomen, die Kinder versuchen möglichst viele zusammengesetzte Nomen damit zu bilden. Zum Beispiel: Dach – Dachziegel, Dachlatte, Hausdach … Oder: Schlüssel – Schlüsselblume, Schlüsselbund, Schlüsselanhänger, Schlüsselloch …

Variation:
Kinder, die schon schreiben können, dürfen Listen mit den Wortverbindungen aufschreiben. Wer findet die meisten Wörter?

Sätze bilden

Alter:
ab 5 Jahren

Anzahl:
zwei Kinder und mehr

Materialien:
Bilder von Gegenständen (aus Zeitschriften ausgeschnitten) oder Memorykarten

So geht's:
Alle Bilder oder Memorykarten werden umgedreht auf den Tisch gelegt. Reihum darf ein Kind nach dem anderen eine Karte aufnehmen. Es soll einen Satz bilden, in dem der Gegenstand auf dem Bild vorkommt. Wem ein passender Satz eingefallen ist, der darf seine Karte behalten. Anderenfalls wird die Karte wieder verdeckt auf den Tisch gelegt. Wer hat am Schluss die meisten Karten?

Variationen:
- Wenn das Kind schon lesen kann, kann man auf die Karten auch Wörter (Nomen und Verben) schreiben. Das Kind soll erst die Wörter erlesen und anschließend einen Satz bilden. Dann wird aus dem Sprachspiel zugleich ein Lesespiel.
- Folgende Variation macht auch wesentlich älteren Kindern noch Spaß und kann ganz ohne Materialien auch während einer Autofahrt gespielt werden. Die Spielleitung nennt drei Wörter, zum Beispiel: Junge – Hund – groß. Die Kinder versuchen reihum einen Satz aus diesen Wörtern zu bilden, etwa: „Ein Hund springt zu dem großen Jungen." Oder: „Der Junge mag den großen Hund." Oder: „Der Junge und der Hund machen einen großen Spaziergang."

Alter:
ab 5 Jahren

Anzahl:
drei Kinder und mehr, Spielleitung

Materialien:
ein Ball, eventuell verschiedene Alltagsgegenstände oder Bildkärtchen (zum Beispiel von einem Memory- oder Lottospiel)

Geschichten erfinden

So geht's:
Alle Kinder sitzen auf dem Boden. Die Spielleitung hat einen Ball in der Hand und beginnt eine Geschichte zu erzählen. Rollt sie den Ball einem Kind zu, soll dieses Kind die Geschichte fortsetzen. Nach einiger Zeit rollt auch dieses Kind den Ball einem anderen Kind zu, das nun die Geschichte fortsetzen soll.
Spannender wird es, wenn in der Mitte verschiedene Alltagsgegenstände oder Bildkärtchen liegen und die Kinder jeweils einen Gegenstand ihrer Wahl in die Geschichte einbauen sollen. Ist ihnen das gelungen, nehmen sie den Gegenstand an sich. Die Geschichte wird so lange fortgesetzt, bis alle Gegenstände verteilt sind.

Variation:
Wieder liegen verschiedene Gegenstände in der Mitte. Kommt einer der Gegenstände in der Fortsetzungsgeschichte vor, versuchen alle Kinder, diesen Gegenstand schnell zu schnappen. Wer hat zum Schluss die meisten Gegenstände ergattert?

Wirkung:
Bei dieser Variation wird nicht nur das Sprechvermögen geübt. Die Kinder müssen gleichzeitig auch gut zuhören und schnell reagieren.

Eine Kiste voller Geld

Alter:
ab 6 Jahren

Anzahl:
zwei Kinder und mehr

Materialien:
keine

So geht's:
Ein Kind beginnt mit folgendem Satz: „Fände ich eine Kiste voller Geld, würde ich mir etwas kaufen!" Nun beschreibt das Kind den Gegenstand, den es kaufen würde, in allen Einzelheiten. Wer den Gegenstand zuerst errät, darf die nächste Kiste voller Geld finden und sich etwas kaufen.

Tipp:
Dieses Spiel lässt sich auch gut während einer Autofahrt oder im Wartezimmer spielen.

Rätsel und Denkspiele

Alter:
ab 5 Jahren

Anzahl:
ein Kind und mehr

Materialien:
keine

So geht's:
Man kann Kindern immer wieder einmal zwischendurch ein Rätsel stellen. Es kann auch eine Rätselkiste hergestellt werden, indem man möglichst viele Rätsel auf Zettel schreibt und in eine verzierte Rätselkiste legt. Das Kind kann dann, wann immer es Lust hat, ein paar Rätsel lösen.
Zum Beispiel: Welches Tier hat einen langen Hals? Was ist größer – der Papierkorb oder die Mülltonne? Wer bringt bei dir die Post? Kennst du ein anderes Wort für Früchte?

Wirkung:
Neben dem Sprachverständnis üben Kinder beim Rätselknacken immer auch, logisch zu denken.

Alter:
ab 5 Jahren

Anzahl:
zwei Kinder und mehr

Materialien:
keine

Handklatschspiele

So geht's:
Zwei Kinder stehen einander gegenüber und klatschen abwechselnd mit den eigenen Händen in beide Hände des Spielpartners und in die eigenen.
Dazu sagen sie rhythmisch einen Spruch, z. B.: „Eins, zwei, drei, vier, fünf, sechs, sieben, wo ist meine Braut geblieben? War nicht hier, war nicht da, war wohl in Amerika!"
Oder: „Bei Müllers hat's gebrannt, -brannt, -brannt, da bin ich hingerannt, -rannt, -rannt. Da kam ein Polizist, -zist, -zist, der schrieb mich auf die List, List, List. Die List fiel in den Dreck, Dreck, Dreck, da war mein Name weg, weg, weg."

Variation:
Zusätzlich auf die Schenkel klatschen, mit der eigenen rechten Hand in die rechte des Spielpartners klatschen, mit der linken Hand in die linke Hand des Partners und so fort.

Tipp:
Kindern fällt das Trennen von Wörtern in der Schule meist leichter, wenn sie zu den einzelnen Silben klatschen.

Abzählreime

Alter:
ab 4 Jahren

Anzahl:
zwei Kinder und mehr

Materialien:
keine

So geht's:
Bevor ein Spiel beginnen kann, muss oft erst ermittelt werden, wer anfangen darf. Hierzu eignen sich besonders Abzählreime, bei denen die Kinder einen bekannten Reim sprechen und Wort für Wort und Silbe für Silbe auf ein anderes Kind zeigen.
Zum Beispiel: „Eins, zwei, drei, vier, fünf, sechs, sieben, eine alte Frau kocht Rüben, eine alte Frau kocht Speck und du bist weg."
Oder: „Ene, mene, miste, es rappelt in der Kiste. Ene, mene, meck, und du bist weg. Weg bist du noch lange nicht, sag mir erst wie alt du bist."

Wirkung:
Hier wird die Aufmerksamkeit der Kinder automatisch auf die einzelnen Silben gelenkt und ihr Gehör wird geschult.

Die Woche

Alter:
ab 6 Jahren

Anzahl:
zwei Kinder und mehr

Materialien:
keine

So geht's:
Im Lauf des ersten Schuljahres lernen Kinder meist auch die Wochentage kennen und sollen sich ihre Reihenfolge einprägen. Dazu eignet sich folgendes Spiel: Die Kinder sitzen im Kreis und nennen reihum fortlaufend den Namen eines Wochentages in der richtigen Reihenfolge. Das Tempo wird immer mehr gesteigert. Weiß ein Kind den richtigen Wochentag nicht auf Anhieb, zählen die anderen leise bis fünf, kann es den richtigen Tag dann immer noch nicht nennen, gibt es ein Pfand oder scheidet aus.

Variationen:
Später können die Wochentage auch rückwärts genannt werden. Oder ein Kind nennt einen Wochentag und sagt dazu gestern, vorgestern, der Tag vor vorgestern, morgen, übermorgen … Das nächste Kind soll den entsprechenden Tag nennen. Gelingt ihm das, stellt es die nächste Aufgabe. Gelingt es nicht, gibt das Kind ein Pfand oder scheidet aus.

Alter:
ab 5 Jahren

Anzahl:
ein Kind und mehr

Materialien:
keine

Drei Chinesen mit dem Kontrabass

So geht's:
Alle singen zunächst die ursprüngliche Form des folgenden Liedes:
„Drei Chinesen mit dem Kontrabass
saßen auf der Straße und erzählten sich was.
Da kam die Polizei und rief: ‚Was ist denn das?'
Drei Chinesen mit dem Kontrabass."
Bei den folgenden Durchgängen wird der Text verändert: Die verschiedenen Vokale werden zunächst durch das A, dann durch E, I, O, U ersetzt. Das klingt z. B. so: „Dra Chanasan mat dam Kantrabass, saßan af dar Straßa and arzahlten sach was, da kam da Palaza and raf: ‚Was ast dann das?' Dra Chanasan mat dam Kantrabass."

Wirkung:
Hier geht es darum, Einzellaute herauszuhören. Solche Sprachspiele fördern die genaue akustische Wahrnehmung. Beim Singen bauen Kinder außerdem Sprechhemmungen ab.

Auf der Mauer, auf der Lauer

Alter:
ab 5 Jahren

Anzahl:
ein Kind und mehr

Materialien:
keine

So geht's:
Wieder singen alle zunächst das Lied in seiner ursprünglichen Form:
„Auf der Mauer, auf der Lauer sitzt 'ne kleine Wanze.
Auf der Mauer, auf der Lauer sitzt 'ne kleine Wanze.
Seht euch mal die Wanze an,
wie die Wanze tanzen kann!
Auf der Mauer, auf der Lauer sitzt 'ne kleine Wanze."

Bei den folgenden Durchgängen wird bei „Wanze" das „e" und bei „tanzen" das „en" weggelassen. Bei allen folgenden Durchgängen wird wieder ein Buchstabe von „Wanze" und „tanzen" weggelassen, bis schließlich beim sechsten Durchgang die Worte „Wanze" und „tanzen" ganz wegfallen und eine kleine Pause entsteht.

Das klingt so:

1. Auf der Mauer, auf der Lauer sitzt 'ne kleine Wanz.
   Auf der Mauer, auf der Lauer sitzt 'ne kleine Wanz.
   Seht euch mal die Wanz an, wie die Wanz tanz kann …
2. Auf der Mauer, auf der Lauer sitzt 'ne kleine Wan.
   Seht euch mal die Wan an, wie die Wan tan kann …
3. Auf der Mauer, auf der Lauer sitzt 'ne kleine Wa usw.

Wer Lust hat, kann die Strophen anschließend in umgekehrter Reihenfolge, also wieder aufbauend, weitersingen.

Tipp:
Bei den ersten Leseübungen in der Schule entschlüsseln die Kinder die Wörter auch aufbauend. Auch später erarbeiten sie sich Wörter, die sie nicht spontan flüssig lesen können, auf diese Weise. Aufbauend lesen bedeutet, dass zuerst der erste Buchstabe eines Wortes gelesen wird, dann werden die ersten beiden Buchstaben, die drei ersten Buchstaben und so fort gelesen, bis das ganze Wort zusammenbuchstabiert wurde.

Rundgesang

Alter:
ab 7 Jahren

Anzahl:
drei Kinder und mehr

Materialien:
keine

So geht's:
Ein Kind beginnt ein einfaches Kinderlied zu singen. Mitten im Lied bricht es unvermittelt ab. Die anderen Kinder überlegen sich schnell ein Lied, das mit dem letzten Buchstaben des vorigen Liedes beginnt. Wem zuerst ein passendes Lied einfällt, beginnt es zu singen und bricht wieder unvermittelt an einer beliebigen Stelle ab. Wer findet als nächster ein Lied, das mit dem letzten Buchstaben beginnt? Beispiel: Tom beginnt: „Häschen in der Grube saß und schlief …", Jana singt weiter: „Fuchs du hast die Gans gestohlen, gib sie wieder her", Moritz Lied muss mit R beginnen, er singt: „Ringel, Ringel, Reihe …"

Variation:
Wenn den Kindern gar kein passendes Lied mehr einfällt, können sie auch Fantasietexte zu bekannten Melodien erfinden.

Zuhören und Aufgaben erfassen

Damit Kinder Aufgaben erfassen und umsetzen können, müssen sie gelernt haben, genau zuzuhören. Dazu gehört auch, dass ein Kind sich persönlich angesprochen fühlt, wenn die Lehrkraft der ganzen Klasse eine Anweisung gibt oder eine Aufgabe erklärt. Oft fällt es Kindern schwer, so genau hinzuhören, dass sie einen Auftrag auch richtig verstehen und ausführen können. Oder sie meinen, eine Antwort schon zu kennen, bevor sie die ganze Frage gehört haben. Dann nicht einfach mit der Antwort herauszuplatzen, sondern auch noch den Finger zu heben und darauf zu warten, ob man aufgerufen wird, bedarf der Gewöhnung und der Übung.

Alter:
ab 5 Jahren

Anzahl:
sechs Kinder und mehr

Materialien:
keine

Zuflüstern

So geht's:
Die Kinder teilen sich in zwei Gruppen und stellen sich jeweils an den gegenüberliegenden Wänden des Raumes auf. Nun müssen sie ganz ruhig werden und konzentriert zuhören. Ein Kind flüstert den Namen eines Kindes aus der anderen Gruppe, dann geht es in die Hocke. Das Kind, dessen Namen geflüstert wurde, flüstert ebenfalls den Namen eines Kindes aus der anderen Gruppe und geht ebenfalls in die Hocke. Das geht so lange weiter, bis alle Kinder sich in der Hocke befinden.

Variation:
Es kann auch ähnlich wie die bekannte Form des Zublinzelns gespielt werden. Die Kinder stellen sich in einem Kreis auf, immer zwei Kinder paarweise hintereinander. Ein Kind bleibt allein stehen. Um ebenfalls einen Partner zu bekommen, flüstert dieses Kind nun den Namen eines Kindes, das vorne steht und schnell zu ihm laufen soll. Der Hintermann aber, der seinen Partner nicht verlieren möchte, fasst ihn schnell an den Schultern. Gelingt es dem Vordermann, schnell genug zu reagieren, flüstert das Kind, das jetzt allein da steht, wieder den Namen eines anderen Kindes.

Echo

Alter:
ab 5 Jahren

Anzahl:
zwei Kinder und mehr

Materialien:
keine

So geht's:
Ein Kind beginnt und erzeugt mit „Körperinstrumenten" einen bestimmten Rhythmus. Es kann den Rhythmus klatschen, stampfen, mit den Fingern auf eine Tischkante klopfen usw. Die anderen Kinder sollen zunächst aufmerksam zuhören und anschließend den vorgegebenen Rhythmus wiedergeben.

Stummes Zählen

Alter:
ab 5 Jahren

Anzahl:
drei Kinder und mehr, Spielleitung

Materialien:
keine

So geht's:
Die Spielleitung klatscht mehrmals (ein- bis zehnmal) hintereinander in die Hände. Die Kinder sollen in Gedanken mitzählen und die entsprechende Anzahl Finger in die Luft strecken.

Variation:
Für ältere Kinder, die schon Zahlen lesen können, kann der Zahlenbereich vergrößert werden, indem Zahlenkärtchen hergestellt werden (Kärtchen mit den Zahlen von 1 bis 20 beschriftet). Das Kind, das zuerst das Kärtchen mit der entsprechenden Zahl hochhält, darf beim nächsten Spiel klatschen. Wer aber spricht, scheidet aus.

Wirkung:
Hier geht es natürlich nicht nur darum, ganz genau hinzuhören, gleichzeitig wird auch das Zählen innerhalb eines bestimmten Zahlenbereichs und das Zuordnen der Ziffern zu den Anzahlen geübt.

Alter:
ab 5 Jahren

Anzahl:
ein Kind und mehr

Materialien:
Bilderbuch

Bilderbuchseiten suchen

So geht's:
Beschreiben Sie eine Bilderbuchseite – was ist darauf zu sehen, was passiert gerade, z. B.: „Auf der Seite, die ich meine, sieht man viele Kinder, sie spielen im Wasser, ein Kind weint …" Das Kind hat die Aufgabe, die entsprechende Seite im Buch zu suchen.

Variation:
Sie betrachten gemeinsam eine Bilderbuchseite und beschreiben eine Situation aus dem Bild falsch. Zum Beispiel „Die Schnecke kriecht über das Dach" anstatt „Die Schnecke kriecht über die Wiese". Oder „Die Maus jagt die Katze" anstatt „Die Katze jagt die Maus". Ihr Kind soll den Fehler erkennen und berichtigen.

Alter:
ab 6 Jahren

Anzahl:
zwei Kinder und mehr

Materialien:
kariertes Papier, Stifte, Trennwand oder anderen Sichtschutz (z. B. ein Buch)

Zeichnen nach Gehör

So geht's:
Die Kinder sitzen einander gegenüber und markieren an der gleichen Stelle den Ausgangspunkt ihrer Zeichnung. Dann stellen sie einen Sichtschutz zwischen sich auf. Ein Kind gibt Anweisungen, wie der Stift geführt werden soll und führt sie selbst ebenfalls aus, z. B. „Zeichne vom Ausgangspunkt zwei Kästchen nach oben, drei Kästchen nach links, drei Kästchen nach oben, ein Kästchen nach rechts, ein Kästchen nach unten …" Anschließend wird verglichen, ob die Zeichnungen gleich aussehen.

Tipp:
Die Kommandos können auch von einer Spielleitung für mehrere Kinder gegeben werden.

Wirkung:
Hier geht es nicht nur darum, genau zuzuhören, die Kinder müssen auch Richtungsangaben wie rechts und links, nach oben oder unten verstehen und umsetzen können.

Kommando Pimperle

Alter:
ab 5 Jahren

Anzahl:
zwei Kinder und mehr, Spielleitung

Materialien:
keine

So geht's:
Die Kinder sitzen um einen Tisch und die Spielleitung gibt verschiedene Kommandos, zu denen die Kinder entsprechende Bewegungen ausführen sollen:
Kommando Pimperle – alle trommeln mit den Fingern auf den Tisch.
Kommando hohl – alle schlagen mit der hohlen Hand auf den Tisch.
Kommando Faust – alle klopfen mit der Faust auf den Tisch.
Kommando flach – alle klopfen mit der flachen Hand auf den Tisch.
Achtung! Die Spielleitung versucht, die Kinder in die Irre zu führen: Lässt sie das Wort „Kommando" bei ihren Befehlen weg, dürfen die Kinder ihre Bewegung nicht wechseln, obwohl die Spielleitung selbst ihre Bewegung verändert. Wer nicht aufpasst und seine Bewegung ebenfalls verändert, gibt ein Pfand oder scheidet aus. Wer bis zum Schluss alle Befehle richtig befolgt hat, ist der nächste Kommandant.

Tipp:
Zuerst müssen die Kinder mit den Befehlen und zugehörigen Bewegungen vertraut werden – sie üben eine Weile, bis das gut klappt, dann erst beginnt das eigentliche Spiel.

Wirkung:
Die Kinder müssen nicht nur die Bedeutung der Kommandos erfassen und richtig reagieren. Sie müssen auch genau hinhören und sich konzentrieren, um keinen Fehler zu machen, wenn die Spielleitung sie überlisten will.

Konzentration und Merkfähigkeit

Nur wer in der Lage ist, sich willentlich zu konzentrieren, kann seine Aufmerksamkeit bewusst über eine längere Zeitspanne auf eine bestimmte, vorgegebene Aufgabenstellung richten. Nur wer sich konzentrieren kann, wird es schaffen, der Lehrkraft zuzuhören, ohne sich von anderen Eindrücken ablenken zu lassen, und begonnene Aufgaben zielgerichtet zu Ende bringen.
Konzentration und Merkfähigkeit sind also wichtige Voraussetzungen für die Schulfähigkeit. Diese Fähigkeiten lassen sich auch im Alltag trainieren, wenn Sie dem Kind z. B. den Auftrag geben, mehrere Dinge einzukaufen oder aus dem Vorratsraum zu holen, wenn es die Zutaten für eine Speise vorbereiten soll, wenn Sie gemeinsam über die Ereignisse des vergangenen Tages sprechen, Lieder und Verse wiederholen …
Die vorgestellen Spiele lassen sich ohne Aufwand jederzeit durchführen. Die Kinder werden Spaß daran finden, sich immer besser konzentrieren zu können.

Alter:
ab 5 Jahren

Anzahl:
zwei Kinder und mehr

Materialien:
12 oder mehr verschiedene Knöpfe

Knopfmemory

So geht's:
Die Knöpfe werden in einer Reihe auf dem Tisch verteilt. Durch Auszählen wird ein Kind bestimmt, das die Augen schließen oder sich umdrehen muss. Ein anderes Kind vertauscht zwei Knöpfe. Das Kind darf die Augen wieder öffnen und soll herausfinden, welche Knöpfe vertauscht wurden.

Tipp:
Der Schwierigkeitsgrad kann gesteigert werden, wenn mehr als zwei Knöpfe vertauscht werden. Die genaue Anzahl sollten die Kinder vorher festlegen.

Wirkung:
Neben Konzentration und Merkfähigkeit üben die Kinder auch, genau hinzusehen.

Wer und was?

So geht's:
Ein Kind, das durch Auszählen bestimmt wird, verlässt kurz den Raum. Die anderen Kinder suchen sich einen kleinen Gegenstand, etwa eine Murmel, ein Geldstück, einen Schlüssel, einen Ring, einen Knopf, ein kleines Spielzeug … Das Kind wird hereingerufen und einer nach dem anderen zeigt ihm kurz den Gegenstand, den es in der Hand hält. Alle verbergen ihren Gegenstand wieder in den Händen und das Kind soll versuchen, sich zu erinnern, wer welchen Gegenstand in den Händen hält.

Alter:
ab 4 Jahren

Anzahl:
fünf Kinder und mehr

Materialien:
kleine Gegenstände

Tastspiel: Was ist in der Tasche?

So geht's:
Das Kind soll mit geschlossenen oder verbundenen Augen in die Schultasche greifen und einen Gegenstand ertasten. Sobald es glaubt, den Gegenstand erkannt zu haben, benennt es ihn und sieht nach, ob es richtig geraten hat.

Tipp:
Tastspiele können Sie natürlich mit allen möglichen Gegenständen durchführen, zum Beispiel Obst in der Obstschale, Waschzeug in der Toilettentasche, Dinge in einer Handtasche … So werden Tastspiele ohne viel Vorbereitung zu Hause, auf Reisen oder im Wartezimmer des Arztes möglich.

Alter:
ab 5 Jahren

Anzahl:
ein Kind und mehr

Materialien:
Schulranzen mit verschiedenen Gegenständen gefüllt, zum Beispiel Radiergummi, Bleistift, Lineal, Spitzer, Bastelschere … ersatzweise Korb oder Tastsäckchen (Kissenbezug), eventuell Augenbinde

Alter:
ab 4 Jahren

Anzahl:
ein Kind und mehr

Materialien:
Schultasche (oder Kindergartentasche) mit Inhalt (drei bis sechs Gegenstände)

Schau genau in die Schultasche

So geht's:
Das Kind darf einen ausgiebigen Blick in die Schultasche werfen und soll sich die Gegenstände genau einprägen. Die Tasche wird verschlossen und das Kind versucht, alle Gegenstände, die es gesehen hat, aus dem Gedächtnis aufzuzählen.

Alter:
ab 5 Jahren

Anzahl:
drei Kinder und mehr

Materialien:
keine

Schau genau – ohne zusätzliches Material

So geht's:
Mehrere Kinder sitzen einander zugewandt am Boden oder auf Stühlen und betrachten einander aufmerksam. Sie versuchen, sich möglichst viele Dinge an den anderen einzuprägen. Durch Auszählen wird ein Kind bestimmt, das den Raum verlassen soll, während die anderen Kinder an ihrem Aussehen eine Kleinigkeit verändern. Zum Beispiel: Schuhe vertauschen, Brille abnehmen, Haarspange herausnehmen ... Oder zwei Kinder tauschen die Plätze miteinander. Das Kind vor der Tür wird wieder hereingerufen und soll erraten, was sich alles verändert hat oder wer die Plätze getauscht hat.

Wirkung:
Bei diesem Spiel kommt es auf Konzentration, Beobachtungsgabe, Vorstellungskraft und Merkfähigkeit an.

Einkaufen

Alter:
ab 5 Jahren

Anzahl:
ein Kind und mehr

Materialien:
Werbeprospekte von Supermärkten, Stifte

So geht's:
Das Kind sieht sich den Prospekt genau an und wählt eine bestimmte Anzahl von Gegenständen aus, die es einkaufen möchte. Es nennt die Gegenstände laut und streicht sie im Prospekt an. Nun darf das Kind etwa eine Stunde spielen oder sich anderweitig beschäftigen, bevor Sie es wieder fragen, welche Gegenstände eingekauft werden sollten.

Tipp:
Für jüngere Kinder genügen zwei Dinge, die sie sich merken sollen, ältere Kinder können sich bis zu fünf Gegenstände merken. Natürlich brauchen Sie, um das Gedächtnis des Kindes zu trainieren, „Einkaufen" nicht nur zu spielen. Wenn der Weg ins nächste Geschäft nicht zu weit ist, können Sie dem Kind ab etwa 6 Jahren auch einmal den Auftrag geben, tatsächlich ein paar Dinge zu kaufen oder Sie im Geschäft an ein paar Dinge zu erinnern.

Schultasche packen

Alter:
ab 5 Jahren

Anzahl:
zwei Kinder und mehr

Materialien:
keine

So geht's:
Ein Kind beginnt mit dem Satz: „Ich packe in meine Schultasche ein Lesebuch." Das nächste Kind wiederholt, was das erste in seine Schultasche gepackt hat und nennt einen weiteren Gegenstand, den es einpacken möchte. Das nächste Kind wiederholt die beiden ersten Dinge und ergänzt einen weiteren Gegenstand usw. Die Gegenstände sollen immer in der richtigen Reihenfolge in die Schultasche gepackt werden.

Variation:
Es dürfen nur Begriffe aus bestimmten Bereichen genannt werden. Zum Beispiel nur Tiere bei einem Zoobesuch: „Ich war gestern im Zoo, da habe ich Affen, Bären, Löwen … gesehen." Oder: „Ich esse am liebsten Pizza, Eis …"
Für ältere Kinder wird es schwieriger, wenn die Begriffe in alphabetischer Reihenfolge gesagt werden sollen.

Wirkung:
Auf diese Weise werden nicht nur Konzentration und Gedächtnis trainiert, sondern auch der Wortschatz wird aktiviert und erweitert.

Sätze bilden

Alter:
ab 5 Jahren

Anzahl:
zwei Kinder und mehr

Materialien:
eventuell Knöpfe oder andere kleine Pfänder

So geht's:
Jedes Kind erhält die gleiche Anzahl Pfänder. Ein Kind beginnt und nennt das erste Wort eines Satzes. Das nächste Kind fügt ein weiteres Wort an, nachdem es das erste Wort wiederholt hat. So geht es nun reihum weiter und der Satz wird immer länger.
Beispiel: Ich …
Ich gehe …
Ich gehe morgen …
Ich gehe morgen Abend …
Nennt ein Kind ein falsches Wort, gibt es ein Pfand oder scheidet aus. Wer hat am Schluss noch die meisten Pfänder?

Tabuwörter

Alter:
ab 7 Jahren

Anzahl:
zwei Kinder und mehr

Materialien:
keine

So geht's:
Ein Spieler, Tom, denkt sich eine bestimmte Situation und wählt in Gedanken einen bestimmten Gegenstand aus. Er sagt: „Ich habe mir gestern etwas Schönes gekauft, rate mal, was es ist." Oder: „Ich war gestern im Zoo – was glaubst du, welches Tier mir am besten gefallen hat?" Der oder die anderen Spieler sollen durch geschickte Fragen herausfinden, worum es sich handelt. Weil vorher ein paar Tabuwörter, also Wörter, die der Gefragte nicht sagen darf (etwa „ja" und „nein") vereinbart wurden, wird das Spiel besonders spannend. Zum Beispiel fragt Jana: „Handelt es sich um ein großes Tier?" Tom versucht bei seiner Antwort die Tabuwörter zu umgehen und sagt: „Das Tier ist ziemlich riesig." Das Frage-und-Antwort-Spiel geht so lange weiter, bis die richtige Antwort gefunden wurde oder der Gefragte in eine Falle tappt und ein Tabuwort nennt. Anschließend werden die Rollen getauscht.

Variation:
Um das Spiel zu erleichtern, kann man dem Kind, das die Tabuwörter nicht nennen darf, auch drei Knöpfe als Pfand geben. Bei jedem Versprecher muss es einen Knopf abgeben, sind dann alle Knöpfe verbraucht, muss es das Lösungswort nennen und die Rollen werden getauscht.

Der-die-das-Spiel

Alter:
ab 7 Jahren

Anzahl:
zwei Kinder und mehr

Materialien:
keine

So geht's:
Ähnlich wie beim Tabuspiel werden hier die Artikel „der, die, das" zu Tabuwörtern. Ein Kind erzählt eine Geschichte. Die Tabuwörter werden nicht einfach ausgelassen, sondern durch ein selbst erfundenes Wort ersetzt, zum Beispiel durch „pipo" – das klingt dann so: Gestern war ich in einem riesigen Wald. Pipo Bäume waren so groß und dicht, dass ich pipo Sonne am Himmel nicht sehen konnte ..." Macht das Kind einen Fehler, ist das nächste an der Reihe. Es können natürlich auch andere Tabuwörter vereinbart werden.

Den Bewegungsdrang kontrollieren, zur Ruhe kommen

Mit einem Mangel an Konzentrationsfähigkeit geht meist auch Bewegungsunruhe einher: Die Kinder können nicht richtig stillhalten und wirken zappelig und unruhig. Ständige Unruhe eines Kindes wirkt sich natürlich in der Schule störend aus und beeinträchtigt oft auch die sozialen Beziehungen eines Kindes. Andererseits haben alle Kinder ein natürliches Bedürfnis nach ausreichend Bewegung. Man sollte deshalb unbedingt versuchen, diesem Bedürfnis gerecht zu werden. Denn je mehr der Bewegungsdrang eines Kindes unterdrückt wird, desto nervöser und unruhiger wird es. Achten Sie im Alltag auf einen geregelten Tagesablauf, der klar und für Kinder durchschaubar strukturiert ist. Gleich bleibende Abläufe geben Kindern Sicherheit und beruhigen sie. Auf Phasen der Konzentration, die nicht zu lange sein dürfen, sollten immer Entspannungs- und Erholungsphasen folgen, auf Stillsitzen muss zum Ausgleich Bewegung möglich sein. Sport und Spiel sind außerdem dazu geeignet, die bewusste Bewegungskontrolle zu üben.

Alter:
ab 0 Jahren

Anzahl:
ein Kind und mehr

Materialien:
keine, eventuell Tennisball, Igelball oder andere Massage-utensilien

Massagespiele

So geht's:
Das Kind liegt vor Ihnen auf einer Decke oder über Ihren Beinen. Sie massieren es mit den Händen oder indem Sie einen Tennisball oder einen Igelball auf seinem Rücken bewegen. Vielleicht fällt Ihnen dazu eine Geschichte ein, etwa von einer kleinen Streichelschnecke, die sich auf eine Reise über den Rücken macht.

Tipp:
Auch Gesichtsmassagen, Fußmassagen und Fantasiereisen wirken auf Kinder sehr beruhigend und entspannend.

Fingerspitzentreff

Alter:
ab 5 Jahren

Anzahl:
ein Kind und mehr

Materialien:
keine

So geht's:
Das Kind schließt die Augen, hebt die Arme vor den Körper und soll versuchen, die Fingerspitzen beider Zeigefinger zueinander zu führen. Wer kann das auch mehrmals schnell hintereinander?

Stumm wie ein Fisch

Alter:
ab 4 Jahren

Anzahl:
ein Kind und mehr

Materialien:
keine

So geht's:
Ein Kind ist sehr unruhig oder alle Kinder reden durcheinander? Eine gute Möglichkeit, alle schnell zur Ruhe zu bringen ist folgendes Spiel: Vereinbaren Sie mit den Kindern, dass alle stumm wie ein Fisch werden sollen, sobald Sie mit Ihren Händen einen Fisch bilden (beide Hände aneinander legen). Wer wird zuerst ruhig? Wer zuerst ein Geräusch von sich gibt, hat verloren.

Ruhe-Zeitung

Alter:
ab 5 Jahren

Anzahl:
zwei Kinder und mehr, Spielleitung

Materialien:
alte Zeitung oder Papier

So geht's:
Dies ist ein Spiel, das sich für Gruppen eignet und Kinder zur Ruhe führt. Zunächst fächeln die Kinder mit der Zeitung durch die Luft oder zerreißen das Papier und lauschen auf die Geräusche, die dadurch entstehen. Dann legen alle bis auf die Spielleitung (Erwachsener oder Kind) ihre Zeitungen ab. Mit dieser letzten Zeitung werden Geräusche erzeugt, indem das Blatt immer wieder in der Mitte geteilt und so in immer kleiner werdende Schnipsel gerissen wird. Die Kinder haben den Auftrag, so lange mucksmäuschenstill zu sein, bis mit dem Blatt kein Geräusch mehr erzeugt wird. Erst wenn sich der letzte Schnipsel nicht mehr teilen lässt, dürfen die Kinder wieder reden.

Mit Buchstaben und Wörtern spielen – Lesen und Schreiben lernen

In den Grundschulen werden unterschiedliche Leselernmethoden eingesetzt: Da gibt es einmal die synthetische Methode, bei der die Kinder die einzelnen Buchstaben lernen, die sie dann zu Wörtern zusammensetzen und lesen. Entscheidend ist, dass die Wörter nicht herkömmlich buchstabiert, sondern lautgetreu benannt werden. Ein Beispiel: Mama wird also nicht Em-A-Em-A, sondern M-A-M-A zusammengesetzt.
Bei der zweiten, der Ganzwortmethode, lernen die Kinder neue Wörter in ihrem eigentlichen Zusammenhang und erfahren so, dass eine Gruppe von Buchstaben – also ein Wort – für einen bestimmten Inhalt (Namen, Tätigkeit, Eigenschaft) steht. So erkennen z. B. die meisten Kinder das „Wortbild" ihres eigenen Namens. Erst im zweiten Schritt beginnen die Kinder, ähnliche Wörter (etwa Haus, Maus, aus) zu unterscheiden und auf diese Weise die Zeichen (Buchstaben), die zu den Lauten gehören, kennen zu lernen. Damit können sie sich später selbst Wörter erschließen.
Entscheidend für den Erfolg ist nicht die Methode, sondern vielmehr die Fähigkeit der Lehrkraft, die Kinder zu begeistern.
Auch das „Leseklima" zu Hause ist sehr wichtig. Dazu gehört das Vorbild der Erwachsenen, regelmäßiges Vorlesen und der spielerische Umgang mit Bilderbüchern.
Beim Erlernen des Schreibens geht es heute nicht mehr vordergründig um das Erlernen einer schönen, als vielmehr um den Erwerb einer flüssigen Schrift. Großflächiges, grobmotorisches Zeichnen und Schreiben aus dem Schultergelenk heraus, manchmal sogar mit Einsatz des ganzen Körpers, wird mit Schwungübungen aus dem Handgelenk ergänzt und schließlich als Verbindung verschiedener Schwungelemente zu Buchstaben, Silben und Wörtern geübt.

Buchstaben nach dem Gehör unterscheiden

Lesen und Schreiben sind komplizierte Vorgänge. Dabei muss man einzelne, auch ähnlich klingende Buchstaben und Laute, wie zum Beispiel B und P akustisch wahrnehmen, unterscheiden und richtig aussprechen können. Heißt es also etwa Brief oder Prief? Befindet sich der Laut am Anfang, in der Mitte oder am Ende eines Wortes? Hörübungen sind eine gute Vorbereitung für das Lesen- und Schreibenlernen.

Alter:
ab 5 Jahren

Anzahl:
ein Kind und mehr

Materialien:
keine

Was hörst du?

So geht's:
Vereinbaren Sie mit dem Kind, welchen Buchstaben es heraushören soll, zum Beispiel ein A oder ein R. Nun nennen Sie verschiedene Wörter. Immer wenn das Kind den Buchstaben hört, soll es in die Hände klatschen oder mit den Füßen stampfen.

Variation:
Schwieriger wird es, wenn das Kind auch noch entscheiden soll, wo der Laut im Wort vorkommt: Steht er am Anfang, klatscht es in die Hände, steht er am Schluss, stampft es mit den Füßen, befindet er sich in der Mitte des Wortes, klopft es auf den Tisch. Diese schwierigere Variante eignet sich aber erst für Kinder ab etwa 6 Jahren.

Wörter sammeln

Alter:
ab 6 Jahren

Anzahl:
zwei Kinder und mehr

Materialien:
keine, eventuell Ball

So geht's:
Ein Kind wird durch Auszählen bestimmt und beginnt: Es nennt einen Gegenstand im Raum, der mit dem gleichen Buchstaben beginnt wie sein Vorname. Abwechselnd nennen die Kinder Gegenstände, die mit diesem Buchstaben beginnen, bis einem Kind nichts mehr einfällt. Dann beginnt das nächste Kind mit einem Gegenstand, der mit dem Anfangsbuchstaben seines Vornamens beginnt.

Tipp:
Mehr Bewegung kommt ins Spiel, wenn die Kinder sich einen Ball zuwerfen. Das Kind, das den Ball fängt, nennt einen entsprechenden Begriff. Wer den Ball fallen lässt, gibt ein Pfand oder scheidet aus.

ABC-Spiel

Alter:
ab 7 Jahren

Anzahl:
zwei Kinder und mehr

Materialien:
Ball

So geht's:
Dieses Spiel eignet sich für Kinder, die das Alphabet schon kennen: Ein Kind beginnt und wirft den Ball. Es nennt einen Gegenstand, der mit A beginnt, also beispielsweise Ampel. Das nächste Kind fängt den Ball und nennt einen Gegenstand, der mit B beginnt, etwa Ball. So geht es weiter mit dem ganzen Alphabet.

Tipp:
Während einer Autofahrt kann natürlich auch ohne Ball gespielt werden. Wer entdeckt einen Gegenstand mit A, B, C ... Schwieriger wird es, wenn nur Tiere, Namen, Speisen ... genannt werden sollen.

Alter:
ab 6 Jahren

Anzahl:
zwei Kinder und mehr

Materialien:
keine

Tierkette

So geht's:
Ein Kind beginnt und nennt ein Tier. Das nächste Kind soll ein Tier finden, das mit dem letzten Buchstaben des vorigen Tieres beginnt. Je schneller der nächste Begriff genannt wird, desto spannender und lustiger wird das Spiel. Eine Tierkette könnte so aussehen: Ameise – Esel – Leopard – Dachs – Star – Ratte – Elefant …

Tipp:
Anstatt mit Tieren kann auch mit anderen Begriffen aus bestimmten Bereichen gespielt werden, zum Beispiel Namen, Berufe, Pflanzen, Lebensmittel, … Achtung, Namen enden relativ oft mit a! Am einfachsten ist es, wenn ganz willkürlich Wörter genannt werden können. Jüngere Kinder lassen Sie am besten auf diese einfache Weise üben, sonst verlieren sie schnell die Lust daran.

Alter:
ab 6 Jahren

Anzahl:
ein Kind und mehr

Materialien:
Bilderbuch

Wörterliste

So geht's:
Sie betrachten gemeinsam ein Bilderbuch und stellen die Aufgabe, eine vereinbarte Anzahl von Gegenständen zu finden, die mit einem bestimmten Buchstaben beginnen. Spielt mehr als ein Kind mit, können die Kinder auch um die Wette spielen.

Tipp:
Gegen Ende des ersten Schuljahres, wenn die Kinder schon alle Buchstaben kennen und schreiben können, dürfen sie die passenden Gegenstände, die sie im Bild finden, aufschreiben.

Anlaute zuordnen

Alter:
ab 6 Jahren

Anzahl:
drei Kinder und mehr

Materialien:
ein Ball, ersatzweise ein Kissen

So geht's:
Die Kinder sitzen im Kreis. Ein Kind beginnt und wirft einem anderen Kind den Ball zu. Dazu nennt es einen Buchstaben. Das Kind, das den Ball fängt, muss schnell einen Gegenstand nennen, der mit diesem Buchstaben beginnt. Bei „R" antwortet das andere Kind zum Beispiel „Rose". Hat es richtig geantwortet, darf es den Ball zum nächsten Kind werfen, andernfalls muss es den Ball zurückwerfen.

Variation:
Es können auch andere Fragen und Aufgaben gestellt werden. Zum Beispiel sagt ein Kind „gelb" und das Kind, das den Ball fängt, soll einen Gegenstand nennen, der gelb ist. Oder ein Kind stellt eine Rechenaufgabe und das andere Kind soll das Ergebnis nennen.

Berufe raten

Alter:
ab 6 Jahren

Anzahl:
zwei Kinder und mehr

Materialien:
keine

So geht's:
Ein Kind denkt sich einen Beruf aus und nennt dessen Anfangsbuchstaben. Die anderen müssen reihum versuchen, den Beruf zu erraten. Beispiel: „B" – handelt es sich um den Bäcker, den Briefträger, den Bauern oder den Bademeister? Wer den Beruf errät, darf selbst den nächsten Buchstaben vorgeben. Auf die gleiche Weise können auch z. B. Pflanzen, Namen, Tiere und vieles mehr geraten werden.

Alter:
ab 6 Jahren

Anzahl:
drei Kinder und mehr

Materialien:
Taschenlampe

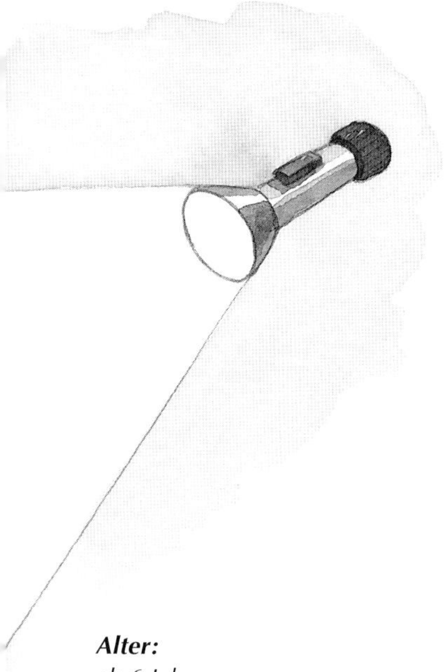

Buchstabenblitz

So geht's:
Wer mag, kann den Raum vor Spielbeginn ein wenig abdunkeln. Ein Kind bekommt die Taschenlampe und leuchtet damit eine Weile durch den Raum. Plötzlich bleibt der Strahl der Lampe auf einem bestimmten Gegenstand stehen. Wer kann den Gegenstand zuerst richtig benennen und den Anfangsbuchstaben dazu sagen? Zum Beispiel: „Das ist das Fenster. Es beginnt mit F." „Das ist ein Glas. Es beginnt mit G." Wer zuerst die richtige Antwort geben konnte, bekommt die Taschenlampe und wählt den nächsten Gegenstand aus. Es kann aber auch einfach reihum gespielt werden.

Variation:
Ältere Kinder, die bereits die Rechtschreibung üben, sollen den Gegenstand benennen und buchstabieren. Sie können die Kinder darauf aufmerksam machen, dass alles, was angeleuchtet werden kann, einen Namen, eine Bezeichnung, hat. Und alle Namenwörter werden immer groß geschrieben.

Alter:
ab 6 Jahren

Anzahl:
zwei Kinder und mehr

Materialien:
keine

Ich sehe was, was du nicht siehst

So geht's:
Das Spiel in seiner herkömmlichen Form ist sicher allen bekannt. Die Aufgabe „Ich sehe was, was du nicht siehst, die Farbe ist Rot", kann für Schulanfänger leicht abgewandelt werden. Sie lautet dann: „Ich sehe was, was du nicht siehst. Es beginnt mit A." Oder: „Ich sehe was, was du nicht siehst, es hört mit B auf, ... hat in der Mitte ein S ..."

Tipp:
Achten Sie darauf, Konsonanten so zu benennen, wie die Kinder in der Schule sie kennen lernen, also zum Beispiel nicht „Be" sagen, sondern „B".
Wenn Kinder den Gegenstand beschreiben sollen, üben sie gleichzeitig, sinnvoll zu formulieren. Ihr Sprachvermögen wird trainiert.

Buchstabengeschenke

Alter:
ab 5 Jahren

Anzahl:
zwei Kinder und mehr

Materialien:
keine

So geht's:
Ein Kind beginnt, nennt seinen Namen und den ersten Buchstaben seines Namens. Die anderen Kinder dürfen sich Geschenke für das Kind ausdenken, die mit diesem Buchstaben beginnen. Beispiel: „Ich heiße Anna – mein Name beginnt mit A." „Anna, ich schenke dir einen Apfel." „Anna, ich schenke dir eine Ameise, einen Ast …" Wenn jeder ein Geschenk genannt hat, nennt das nächste Kind seinen Namen und lässt sich überraschen, welche Geschenke ihm zugedacht werden. Schwieriger wird es, wenn die Geschenke der anderen noch einmal wiederholt werden sollen.

Buchstaben ziehen

Alter:
ab 6 Jahren

Anzahl:
zwei Kinder und mehr

Materialien:
Tonpapier oder Pappe, Schere, Stifte

Spielvorbereitung:
Aus Tonpapier werden viele Kärtchen geschnitten. Auf jedes Kärtchen wird ein Buchstabe geschrieben. Für Buchstaben, die im Sprachgebrauch häufiger vorkommen (z. B. D, E, I, N, M, S), werden mehr Kärtchen vorbereitet als für Buchstaben, die nur selten verwendet werden.

So geht's:
Die Buchstabenkärtchen werden gemischt und verdeckt auf den Tisch gelegt. Abwechselnd darf ein Kind ein Buchstabenkärtchen ziehen und einen Satz bilden, in dem ein Wort mit dem gezogenen Buchstaben vorkommt.

Variation:
Der Schwierigkeitsgrad kann gesteigert werden, wenn mehrere Kärtchen gezogen werden und alle Buchstaben als Anfangsbuchstaben in einem Satz untergebracht werden müssen. Einfacher wird es, wenn die Kärtchen nicht verdeckt ausgelegt werden und jedes Kind sich sein Buchstabenkärtchen gezielt auswählen kann. Allerdings bleiben die seltenen Buchstaben dann meist bis zum Schluss übrig. Man kann als Anreiz für die schwierigen Buchstaben Extrapunkte vergeben.

Alter:
ab 6 Jahren

Anzahl:
ein Kind und mehr

Materialien:
Papier, Schere und Stifte

Buchstabenzoo

Spielvorbereitung:
Das Kind schneidet aus Papier viele kleine Quadrate, auf die es die Buchstaben des Alphabets schreibt. Wenn das Kind das Alphabet noch nicht kennt, bekommt es eine Vorlage – so kann es die Zettel ohne weitere Hilfe herstellen.

So geht's:
Die Buchstabenzettel werden gut durchgemischt und mit der Rückseite nach oben auf den Tisch gelegt. Das Kind kann nun eine Karte ziehen und möglichst viele Tiere auf einen Zettel schreiben, die mit diesem Buchstaben beginnen. Kinder, die noch nicht so gut schreiben können, dürfen alle Tiere nennen oder malen, die ihnen zu einem Buchstaben einfallen. Wenn dem Kind zu dem gezogenen Buchstaben kein Tier mehr einfällt, zieht es die nächste Buchstabenkarte.
Spielen mehrere Kinder miteinander, können sie die Tiere nur nennen. Für jedes genannte Tier gibt es einen Punkt. Oder sie schreiben die Tiere ebenfalls auf und vergleichen, wem die meisten Tiere eingefallen sind.

Variation:
Die Kinder könnten sich auch Namen (für jüngere Kinder), Pflanzen, Städte, Flüsse ... überlegen, die mit diesem Buchstaben beginnen. So lässt sich der Schwierigkeitsgrad dem Alter der Kinder anpassen.

Tipp:
Wenn man anstatt Buchstabenzettel, Buchstabenkärtchen aus Pappe herstellt, kann das Spiel jederzeit wiederholt werden.

Wirkung:
Für Schulanfänger ist das eine gute Übung, um sich neue Buchstaben einzuprägen. Ältere Kinder können Nachschlagewerke, wie beispielsweise Atlanten oder Lexika, benutzen. Indem sie etwa versuchen, in einem Tierlexikon ganz besonders ausgefallene Tiernamen zu finden, üben sie den Umgang mit Nachschlagewerken und erweitern ständig ihr Wissen.

Reime finden

Alter:
ab 6 Jahren

Anzahl:
ein Kind oder mehrere

Materialien:
eventuell Stifte und Papier

So geht's:
Ein Kind nennt ein Wort und die anderen Kinder müssen versuchen, so schnell wie möglich einen Reim darauf zu finden. Wer einen sinnvollen Reim gefunden hat, darf das nächste Reimwort nennen. Die Kinder können auch versuchen, zu einem Wort möglichst viele Reimwörter zu finden. (Witz – Kitz – Sitz – Fritz, Kind – Wind – Rind, Sonne – Wonne – Tonne – Nonne …)

Tipp:
Gegen Ende des ersten Schuljahres kann ein Kind dieses Spiel gut allein spielen, wenn es versuchen soll, zu einem vorgegebenen Wort möglichst viele Reimwörter aufzuschreiben. Am besten bereitet man Kärtchen vor, auf denen einzelne Wörter stehen. Das Kind mischt die Karten, zieht eine Karte aus dem Stapel und beginnt zu reimen.

Reimrätsel

Alter:
ab 6 Jahren

Anzahl:
ein Kind oder mehrere

Materialien:
Stift und Papier

So geht's:
Ein Kind denkt sich ein bestimmtes Wort aus und schreibt es so auf einen Zettel, dass es die anderen nicht sehen können. Nun nennt es den anderen Kindern ein Wort, das sich auf sein gedachtes Wort reimt. Wer zuerst das verdeckte Wort errät, darf sich das nächste ausdenken. Beispiel: Mona schreibt auf ihren Zettel „Hose" und nennt den anderen das Wort „Rose". Die Kinder raten „Dose, Lose" und schließlich „Hose".

Lese- und Schreibrichtung einhalten

Eine gut entwickelte optische Wahrnehmungsfähigkeit wirkt sich positiv auf die Leseentwicklung aus. Dazu gehört beispielsweise das sichere Unterscheiden ähnlicher Formen, die Fähigkeit rechts und links auseinander zu halten und sich an die Lese- und Schreibrichtung von links nach rechts zu gewöhnen.
Wer lesen möchte, muss wissen, dass die Buchstaben von links nach rechts aneinander gereiht und zeilenweise von oben nach unten gelesen werden müssen.

Alter:
ab 5 Jahren

Anzahl:
ein Kind und mehr

Materialien:
Bücher, in denen einzelne Wörter durch Illustrationen und Bilder ersetzt sind (Bücher für Leseanfänger)

Bilder-Lesegeschichten

So geht's:
„Lesen" Sie mit dem Kind gemeinsam die Bildgeschichten, indem Sie dem Text unter den Zeilen mit dem Finger folgen. Wird ein Wort durch eine Illustration ersetzt, bleibt Ihr Finger unter dem Bild stehen und das Kind darf das entsprechende Wort „lesen". Auf diese Weise wird es Ihrem Finger, der über den Text gleitet, mit den Augen folgen, weil es ja seinen „Einsatz" nicht verpassen möchte und verinnerlicht spielerisch die richtige Lese- und Schreibrichtung.

Alter:
ab 5 Jahren

Anzahl:
ein Kind und mehr

Materialien:
kurze Bildergeschichten, z. B. aus Zeitschriften für Kinder

Fortsetzungsgeschichten

So geht's:
Zerschneiden Sie kurze Bildergeschichten, die aus mehreren Einzelbildern bestehen, legen Sie die Bilder in der falschen Reihenfolge aus und lassen Sie das Kind die Bildgeschichten wieder richtig von links nach rechts und von oben nach unten anordnen.

Tipp:
Wenn das Kind die Geschichte anschließend mit Hilfe der Bilder erzählt, wird gleichzeitig die sprachliche Ausdrucksfähigkeit gefördert.

Reihen bilden

So geht's:
Alle Teilnehmer sollen der Größe nach in einer Reihe von links nach rechts aufgestellt werden. Ältere Kinder können die Teilnehmer auch nach dem Alphabet aufstellen: Links steht Anna, dann kommt Benni, ganz rechts steht Wolfgang. Oder gibt es auch einen Xaver oder gar einen Zacharias?

Alter:
ab 5 Jahren

Anzahl:
mehrere Kinder

Materialien:
keine

Differenziert wahrnehmen – Buchstaben erkennen – erste Lesespiele

Aus welchen Teilen besteht ein Buchstabe? Was ist genau der Unterschied zwischen b, d, p und q? Die einzelnen Laute müssen sicher erkannt und unterschieden werden. In welcher Reihenfolge kommen die Buchstaben im Wort vor? Heißt es z. B. Wien oder Wein? Hier müssen die einzelnen Bestandteile herausgefunden und gleichzeitig die Teile zu einem Ganzen zusammengesetzt werden. Das erfordert vom Kind die Koordination verschiedener Fähigkeiten, welche man einzeln üben kann.

Alter:
ab 4 Jahren

Anzahl:
ein Kind und mehr

Materialien:
Stifte, Durchschlagpapier, Papier

Suchbilder

Spielvorbereitung:
Legen Sie Durchschlagpapier zwischen zwei Bogen Papier und zeichnen Sie ein Bild auf das Durchschlagpapier. Trennen Sie die Bogen und ergänzen Sie auf dem Deckblatt noch ein paar Einzelheiten.

So geht's:
Das Kind erhält beide Bögen und soll auf dem zweiten Blatt die fehlenden Teile ergänzen oder die Unterschiede kennzeichnen.

Wirkung:
Um lesen zu können, ist eine differenzierte Wahrnehmung nötig – einzelne Buchstaben und Wörter müssen aus einem größeren Text herausgegliedert werden, auch geringe Unterschiede (p, b) sollen erkannt werden. Dies wird hier geübt.

Variation:
Gestalten Sie ein besonderes Malbuch. Nehmen Sie ein Schulheft und malen Sie auf jede Seite ein einfaches Bild – allerdings soll auf jedem Bild etwas fehlen, z. B. die Räder des Autos, das Hausdach, die Zeiger der Uhr, die Sprossen der Leiter … Das Kind soll die Bilder ergänzen und kann sie anschließend anmalen.

Figuren nachlegen

Alter:
ab 5 Jahren

Anzahl:
ein Kind und mehr

Materialien:
Zahnstocher, Streichhölzer, Knöpfe, Bausteine …

So geht's:
Legen Sie eine Figur aus mehreren Einzelteilen. Das Kind versucht, genau die gleiche Figur nachzulegen. Später werden die Rollen getauscht.

Variation:
Schwieriger wird es, wenn die Figur nur eine Weile betrachtet werden darf, bevor sie verdeckt wird und aus dem Gedächtnis nachgelegt werden soll.

Wirkung:
Hier werden die Wahrnehmung, das Konzentrationsvermögen und die Feinmotorik gefördert. Wenn die Kinder selbst Figuren entwickeln, benötigen sie Fantasie und später Geduld beim Warten bis der Mitspieler alles nachgelegt hat.

Tastbuchstaben

Alter:
ab 5 Jahren

Anzahl:
ein Kind und mehr

Materialien:
Karten aus festem Karton, feines Schleifpapier, Schnüre, Sand, Hülsenfrüchte …, Klebstoff

Spielvorbereitung:
Immer wenn in der Schule ein neuer Buchstabe eingeführt wird, fertigen Sie mit dem Kind gemeinsam Tastbuchstaben an, indem Sie Schleifpapier entsprechend zuschneiden und auf eine Karte aus Karton aufkleben. An Stelle von Schleifpapier können Sie auch Schnüre, Linsen, Sand, Plüsch oder dergleichen verwenden.

So geht's:
Es gibt verschiedenste Möglichkeiten mit den Tastbuchstaben zu spielen. Das Kind schließt die Augen oder Sie verbinden ihm die Augen und reichen ihm nacheinander die Buchstaben. Jeden Buchstaben, den es tastend erkannt und richtig benannt hat, darf es behalten. Oder: Sie lassen das Kind jeweils einen Buchstaben ertasten, anschließend legen Sie ihn verdeckt auf den Tisch und das Kind schreibt den Buchstaben auf ein Blatt Papier. Hat es den Buchstaben richtig erkannt?

Alter:
ab 5 Jahren

Anzahl:
ein Kind und mehr

Materialien:
Buchstabenkekse (im Handel als Russisch Brot)

Buchstabenkekse

So geht's:
Auch wenn Sie der Ansicht sind, dass man mit Essbarem nicht spielt, hier können Sie vielleicht eine Ausnahme machen. Sobald ein Kind seinen Namen schreiben kann, legt es ihn mit Buchstabenkeksen und darf ihn anschließend aufessen.

Variation:
Wer findet ein T für Tom oder ein J für Jana, ein B für Ball oder ein M für Maus? Wer den gesuchten Buchstaben zuerst findet, darf ihn aufessen.

Tipp:
Kochen Sie gelegentlich eine Buchstabensuppe. Sie schmeckt Kindern nicht nur besonders gut, es macht ihnen auch Spaß, bestimmte Buchstaben, zum Beispiel die ihres Namens, zu suchen.

Alter:
ab 6 Jahren

Anzahl:
ein Kind und mehr

Materialien:
Stift und Papier

Reisealphabet

So geht's:
Ein lustiger Zeitvertreib für lange Autofahrten. Schreiben Sie alle Buchstaben des Alphabets auf einen Zettel. Das Kind soll alle entgegenkommenden und überholenden Fahrzeuge beobachten und jeden Buchstaben ausstreichen, den es auf einem Nummernschild entdeckt. Mehrere Kinder können um die Wette spielen. Wer hat zuerst alle Buchstaben entdeckt?

Tipp:
Schwieriger wird es, wenn dabei die Reihenfolge des Alphabets eingehalten werden soll.

Buchstabenmemory

Alter:
ab 6 Jahren

Anzahl:
zwei Kinder und mehr

Materialien:
Pappkarten, Schere, Stift

Spielvorbereitung:
Immer auf zwei Pappkarten wird jeweils einmal der große und einmal der kleine Buchstabe geschrieben, also „M" und „m" ...

So geht's:
Die Karten werden gemischt und verdeckt auf dem Tisch verteilt. Anschließend wird auf die übliche Weise Memory gespielt, indem die zueinander gehörenden Buchstaben gefunden werden sollen.

Variation:
Anstatt Paare aus Groß- und Kleinbuchstaben zu bilden, können auch Druck- und Schreibschriftbuchstaben einander zugeordnet werden. Oder Sie schreiben auf eine Karte einen Groß- und den dazugehörenden Kleinbuchstaben, z. B. „M m" und auf die zweite Karte wird ein Bild geklebt, das mit dem entsprechenden Buchstaben beginnt, in diesem Fall die Maus.

Buchstabendetektiv

Alter:
ab 6 Jahren

Anzahl:
ein Kind und mehr

Materialien:
alte Zeitungen und Zeitschriften, Stifte oder Markierstifte, eventuell Papier, Schere und Klebstoff

So geht's:
Jedes Kind erhält eine alte Zeitung. Achten Sie darauf, dass die Schrift nicht zu klein ist. Es bekommt den Auftrag, einen bestimmten Buchstaben in einem Text zu suchen und mit dem Stift zu markieren. Sie können auch eine Textpassage umrahmen, damit jüngere Kinder durch einen langen Text nicht überfordert werden.
Spielen mehrere Kinder, könnte auch ein kleines Wettspiel veranstaltet werden: Wer findet die höchste Anzahl eines bestimmten Buchstabens innerhalb einer vorgegebenen Zeit? Am besten kopieren Sie dazu den gleichen Text mehrmals. Er kann dabei gleich vergrößert werden.

Wirkung:
Dieses Spiel fördert die Konzentrationsfähigkeit und hilft Erstklässlern, sich einen neuen Buchstaben intensiv einzuprägen.

Alter:
ab 6 Jahren

Anzahl:
ein Kind und mehr

Materialien:
Papier, Stifte, Zeitungen und Zeitschriften, Klebstoff, Ordner, eventuell alphabetisches Register

Wörterbuch

So geht's:
Während der ersten Wochen in der Schule, wenn die Kinder neue Buchstaben lesen und schreiben lernen, arbeiten sie meist mit Merkwörtern zu den einzelnen Buchstaben. So steht beispielsweise häufig Oma für O, Igel für I oder Apfel für A. Entsprechend kann sich jedes Kind einen Sammelordner mit seinen Lieblingswörtern zusammenstellen. Es kann zu jedem neu gelernten Buchstaben beliebig viele Seiten gestalten, indem es den Buchstaben in Groß- und Kleinschreibung aufschreibt oder aus Zeitungen ausschneidet und aufklebt und passende Bilder oder Fotos dazuklebt. So verinnerlichen die Kinder nicht nur die einzelnen Buchstaben, sondern üben auch das sinnerfassende Lesen. Auf den A-Seiten könnten beispielsweise ein Apfel, ein Affe, eine Ameise, ein Aal, ein Auto und vieles mehr zu finden sein. Später, wenn die Kinder schon besser schreiben und lesen können, dürfen sie jedes Bild zusätzlich beschriften.

Alter:
ab 6 Jahren

Anzahl:
ein Kind und mehr

Materialien:
Pappschachteln, Dosen oder dergleichen, Papier, Stifte, Klebstoff

Buchstaben-Schatzkisten

So geht's:
Für jeden Buchstaben, den das Kind in der Schule neu lernt oder schon kennt, wird eine Buchstaben-Schatzkiste gestaltet. Die Pappschachtel wird verziert, beklebt oder bemalt und der Buchstabe groß darauf geschrieben. Arbeiten die Kinder in der Schule immer mit Merkwörtern zu den neuen Buchstaben, kann die Pappschachtel auch entsprechend gestaltet werden: Die B-Schachtel wird aus einer runden Schachtel (z. B. einer Käseschachtel) gestaltet und mit vielen bunten Bällen verziert, die O-Schachtel wird mit dem Bild der Oma verschönert, die M-Schachtel wird wie eine Maus gestaltet oder mit vielen Mäusen beklebt und so weiter – der gestalterischen Fantasie des Kindes sind keine Grenzen gesetzt. Wenn eine Buchstaben-Schatzkiste fertig ist, kann sie mit verschiedenen Gegenständen, die mit dem entsprechenden Buchstaben beginnen, gefüllt werden: z. B. mit einer besonders schönen Murmel oder mit einer hübschen Feder vom letzten Spaziergang …

Wenn dem Kind Gegenstände einfallen, die einfach zu groß sind, um in der Buchstaben-Schatzkiste zu verschwinden, kann es auch ein Bild davon malen und, wenn es das schon kann, das Bild beschriften. Für Kinder ist es interessant zu sehen, dass manche Buchstaben-Schatzkisten schnell prall gefüllt sind, während es schwierig ist, für andere Schatzkisten überhaupt einen passenden Gegenstand zu finden.

Buchstaben hüpfen

Alter:
ab 6 Jahren

Anzahl:
ein Kind und mehr, Spielleitung

Materialien:
Straßenkreide oder Tonpapierkarten, Stifte und Klebeband

Spielvorbereitung:
Im Freien werden einfach Felder auf den Boden gezeichnet und in jedes Feld wird ein Buchstabe in Groß- oder Kleinschreibung geschrieben, den die Kinder bereits aus der Schule kennen.
Im Haus werden zuerst Tonpapierkarten vorbereitet, mit den verschiedenen Buchstaben beschriftet und mit Klebeband auf dem Boden befestigt.

So geht's:
Die Spielleitung erteilt verschiedene Aufträge, zum Beispiel: „Spring mit einem Bein auf das große B!", „Stell dich auf Zehenspitzen auf das kleine a!"

Variation:
Wenn die Kinder schon viele Buchstaben kennen, können sie auch Wörter hüpfen – z. B.: „Hüpf das Wort Hase!"

Alter:
ab 6 Jahren

Anzahl:
ein Kind und mehr

Materialien:
keine

Buchstaben fühlen

So geht's:
Viele Kinder mögen Spiele mit Körperkontakt besonders gern. Für diese eignet sich folgendes Spiel: Mit sanftem Druck werden Buchstabe für Buchstabe kurze Wörter auf den Rücken geschrieben, die entziffert werden sollen.

Tipp:
Selbstverständlich werden die Rollen nach einiger Zeit getauscht – so wird aus der Lese- eine Schreibübung.

Variation:
Der Schwierigkeitsgrad sollte dem Alter und Wissen des Kindes angepasst werden: Schulanfängern schreibt man nur einzelne Buchstaben auf den Rücken, später werden Wörter oder kurze Sätze daraus, wobei zusätzlich Konzentration und Merkfähigkeit geübt werden.

Wirkung:
Das Kind nimmt über seinen Tastsinn die Strichrichtung wahr und muss sie in Gedanken nachvollziehen und dem einzelnen Buchstaben zuordnen. Es vergleicht quasi, was es fühlt, mit seinen inneren Bildern der einzelnen Buchstaben. Wenn Kinder sich schnell eine Vorstellung von etwas machen können, lernen sie auch leichter und prägen sich Buchstaben besser ein.

Alter:
ab 6 Jahren

Anzahl:
ein Kind und mehr

Materialien:
eventuell Wörterliste (um die Zahl der Möglichkeiten zu beschränken)

Wörtersteckbrief

So geht's:
Ein Kind beginnt, wählt ein Wort aus und formuliert einen Wörtersteckbrief. Beispiel: Der dritte Buchstabe meines Wortes ist ein S, der letzte Buchstabe ein E. (Das gesuchte Wort ist Nase.) Oder: Der erste Buchstabe meines Wortes ist ein B, der dritte Buchstabe ist ein L. (Das gesuchte Wort ist Ball.)
Wer das Wort als Erster errät und richtig nennt, erhält einen Punkt und darf den nächsten Steckbrief formulieren.

Wörterdetektiv

Alter:
ab 6 Jahren

Anzahl:
drei Kinder und mehr

Materialien:
alte Zeitungen und Zeitschriften, eventuell für jedes Kind eine Kopie des gleichen Textes, Buntstifte

So geht's:
Wenn die Kinder alle Buchstaben kennen und gut lesen können, macht ihnen folgendes Spiel Spaß: Jedes Kind hat den gleichen Text vor sich liegen. Ein Kind beginnt und nennt ein Wort, das in dem Text vorkommt. Schnell machen sich alle auf die Suche nach dem Wort in ihrem Text. Wer das Wort als Erster in seinem Text gefunden hat, ruft „Stopp", markiert es in seinem Text und darf das nächste Wort nennen, das gesucht werden soll. Wer am Schluss die meisten Wörter in seinem Text gekennzeichnet hat, ist der Oberdetektiv. Spielt ein Kind allein, macht es sich auf die Suche nach einem bestimmten Wort, etwa „und", und kreist alle, die es findet, ein.

Wirkung:
Kinder, die schon lesen können, schulen ihre Lesefähigkeit.

Sätze bilden

Alter:
ab 6 Jahren

Anzahl:
ein Kind und mehr

Materialien:
Pappkarten, Stifte

Spielvorbereitung:
Auf die Pappkarten werden verschiedene Wörter geschrieben. Es können auch Pappkarten unterschiedlicher Farbe eingesetzt und zwei Stapel gebildet werden, auf die einen werden Nomen, auf die anderen Verben geschrieben.

So geht's:
Die Kartenstapel werden gemischt und die Kinder dürfen reihum je eine Karte von jedem Stapel ziehen. Sie lesen die Wörter laut vor und bilden einen Satz, in dem diese Wörter vorkommen.

Wirkung:
Hier wird die sprachliche Ausdrucksfähigkeit geübt.

Tipp:
Für jüngere Kinder, die noch nicht lesen können, können Bildkarten verwendet werden.

Wir können schon lesen

Wenn ein Kind schon lesen kann, kommt es vor allem darauf an, seine Lesefähigkeit immer mehr zu vertiefen. Selbst Erwachsenen fällt es schwer, flüssig laut zu lesen, wenn sie es schon länger nicht mehr getan haben. Es sollten also möglichst viele Lesegelegenheiten geschaffen und Alltagssituationen bewusst aufgegriffen werden, um das Kind zum Lesen anzuregen. Beschriftungen auf Behältern oder in Geschäften, Wegweiser, Etiketten, Plakate, Adressbücher, Lexika … bieten sich hierfür an. Lassen Sie das Kind im Kochbuch die Zutatenliste lesen und die benötigten Dinge vorbereiten, suchen Sie gemeinsam die Adresse oder die Telefonnummer einer Freundin heraus …
Auf diese Weise wird das Kind nicht nur viel lesen, es wird auch verstehen, warum es so wichtig ist, lesen zu können.

Alter:
ab 6 Jahren

Anzahl:
in Kind und mehr

Materialien:
Papier, weißer Kerzenstumpf, Wasserfarben

Geheime Post

So geht's:
Lassen Sie einem Leseanfänger doch einmal eine geheimnisvolle Post zukommen! Dazu schreiben Sie mit einem weißen Kerzenstumpf eine Nachricht auf ein ausreichend großes Blatt Papier, zum Beispiel: „Wenn du diesen Brief lesen kannst, bekommst du ein Bonbon." Wenn das Kind das Papier mit Wasserfarben übermalt, wird die Nachricht sichtbar. So macht Lesen Spaß! Und weil Kinder Geheimnisse lieben, werden sie bald selbst geheimnisvolle Post mit ihren Freunden austauschen – ein willkommener Anreiz zum Schreiben und Lesen.

Überraschungszettel

Alter:
ab 7 Jahren

Anzahl:
ein Kind

Materialien:
Zettel und Stift

So geht's:
Besonderes Vergnügen bereitet es einem Leseanfänger, wenn er im Bett, in der Schultasche, beim Pausenbrot oder in der Jackentasche kleine Zettel entdeckt. Auf diesen Zetteln steht beispielsweise: „Schlaf gut!", „Guten Appetit!" oder „Viel Spaß in der Schule!". Schon bald werden Sie ebenfalls Kurzbriefe erhalten!

Buchstabenpuzzle

Alter:
ab 7 Jahren

Anzahl:
ein Kind und mehr, eventuell Spielleitung

Materialien:
Zeitungen, Schere

Spielvorbereitung:
Die Spielleitung schneidet aus einer Zeitung für jedes Kind ein Wort aus und zerschneidet es in alle seine Buchstaben. Oder jedes Kind schneidet aus einer Zeitung ein Wort aus und zerschneidet es, ohne dass die anderen Kinder das Wort sehen.

So geht's:
Die Spielleitung gibt jedem Kind die Buchstaben je eines Wortes und die Kinder versuchen, das Wort wieder richtig zusammenzusetzen. Haben die Kinder die Worte selbst ausgeschnitten und vorbereitet, tauschen sie die Buchstabenstapel untereinander aus.

Tipp:
Sollen die Buchstabenpuzzles mehr als einmal verwendet werden, so kann man sie mit Büroklammern zusammenheften oder in Briefumschlägen aufbewahren, damit sie nicht durcheinander geraten oder verloren gehen.

Wirkung:
Hier wird neben der Lesefähigkeit auch die Rechtschreibung geübt.

Wort und Bild

Alter:
ab 6 Jahren

Anzahl:
ein Kind und mehr

Materialien:
Bilder aus Zeitschriften und Katalogen, Klebstoff, Papier, Stift

Spielvorbereitung:
Ein Bildausschnitt wird ausgeschnitten und so auf ein Blatt Papier geklebt, dass daneben noch ausreichend Platz bleibt, um zu schreiben. Schreiben Sie neben das Bild eine Reihe von Gegenständen, die im Bild vorkommen.

So geht's:
Das Kind soll die Wörter neben dem Bild lesen und mit dem entsprechenden Gegenstand auf der Abbildung verbinden.

Buchstabengitter

Alter:
ab 7 Jahren

Anzahl:
ein Kind und mehr

Materialien:
Papier (evtl. kariert), Stift

Spielvorbereitung:
Zeichnen Sie ein Quadrat auf das Papier, das Sie in acht bis zehn Zeilen und jede Zeile in acht bis zehn Kästchen unterteilen. Nun schreiben Sie in jede Zeile ein bis zwei Wörter. Die Kästchen vor, zwischen und nach den Wörtern füllen Sie willkürlich mit Buchstaben.

So geht's:
Ihr Kind hat die Aufgabe, die Wörter zu finden und entweder mit einem Buntstift nachzuschreiben oder einzukreisen. Sagen Sie Ihrem Kind, wie viel Wörter versteckt sind.
Für mehrere Kinder kopieren Sie das gleiche Rätsel und lassen die Kinder um die Wette suchen.

Briefcollagen

Alter:
6 Jahren

Anzahl:
ein Kind und mehr

Materialien:
Papier (eventuell Briefpapier), alte Zeitungen und Zeitschriften, Schere, Klebstoff

So geht's:
Das Kind schneidet aus Zeitschriften und Zeitungen einzelne Buchstaben oder ganze Wörter aus und versucht, damit einen kurzen Brief oder zum Beispiel eine Einladung zu gestalten.

Tipp:
Gestalten Sie selbst zunächst einen kurzen Brief an das Kind. Das ist für die meisten schon Anregung genug, selbst eine Briefcollage anzufertigen.

Rätselhafte Briefe

Alter:
ab 6 Jahren

Anzahl:
zwei Kinder und mehr

Materialien:
Schreibblöcke und Stifte

So geht's:
Jedes Kind freut sich, wenn es Post bekommt. Verfassen Sie einen rätselhaften Brief, indem Sie Wörter miteinander verbinden, beziehungsweise an den falschen Stellen trennen. Ein rätselhafter Brief könnte so aussehen: Lie beJa na! Wen ndud iesen Bri efle senka nnst, la dei chdich in sFreib adein. Das Kind soll versuchen, den rätselhaften Brief zu entschlüsseln und die Wörter, die zusammengehören, mit einem Stift markieren. Kann es den Brief anschließend vorlesen?

Tipp:
Wenn das Kind den ersten rätselhaften Brief bekommt, sollten Sie ihm zeigen, wie es den Text entschlüsseln kann.

Wirkung:
Eine sehr schwierige Übung für Leseanfänger, bei der das sinnerfassende Lesen geübt wird. Sie ist für Kinder empfehlenswert, die kurze Sätze bereits flüssig lesen können.

Alter: ab 6 Jahren

Anzahl: ein Kind und mehr

Materialien: ein kurzer Text oder ein Buch für Leseanfänger

Leseübung

So geht's:
Wenn ein Kind regelmäßig lesen üben soll, aber nur ungern liest, können Sie mit folgendem Trick vielleicht doch die Leselust wecken: Sie lesen dem Kind eine Geschichte vor. Es soll gelegentlich mit dem Finger auf ein Wort zeigen, das es selbst lesen möchte. Auf diese Weise liest das Kind zumeist stumm den Text mit und einzelne Wörter laut vor. Wenn es nicht stumm mitliest, machen Sie einfach eine Pause, wenn das Wort des Kindes an der Reihe ist.

Alter: ab 7 Jahren

Anzahl: zwei Kinder und mehr

Materialien: Zettel und Stifte

Blinder Passagier

So geht's:
Ein Kind beginnt und schreibt einen Satz auf den Zettel. Aber Achtung, in dem Satz befindet sich ein „blinder Passagier", das ist ein Wort, das eigentlich nicht zu dem Satz gehört. Wer es zuerst entdeckt, darf den nächsten Satz aufschreiben. Jana schreibt zum Beispiel: „Maria geht Geschichte im Park spazieren." Julia nennt den blinden Passagier „Geschichte" und bildet den nächsten Satz: „Jonas spielt Puppe gerne mit der Eisenbahn."

Tipp:
Als Vorübung können die Kinder das Spiel erst mündlich ausprobieren.

Tisch und Bett

Alter:
ab 7 Jahren

Anzahl:
ein Kind und mehr

Materialien:
ein kurzer Text

So geht's:
Ein Kind beginnt und liest den anderen einen Text vor, wobei es für jedes Wort, das mit „T“ beginnt, das Wort „Tisch“ einsetzt und für alle Wörter, die mit „B“ beginnen, das Wort „Bett“. Das ist gar nicht so einfach und erfordert viel Konzentration, klingt aber ziemlich lustig! Wenn mehrere Kinder mitlesen, achten sie natürlich darauf, dass der Vorleser kein Wort übersieht. Man kann auch andere Buchstaben ersetzen, zum Beispiel kann anstatt „A“ „Adam“ und anstatt „E“ „Eva“ oder an Stelle von „K“ „Kuhschwanz“ und statt „R“ „Rattendreck“ eingesetzt werden. Der Fantasie sind keine Grenzen gesetzt.

Tipp:
Jüngere Kinder beginnen damit, nur ein Wort zu ersetzen.

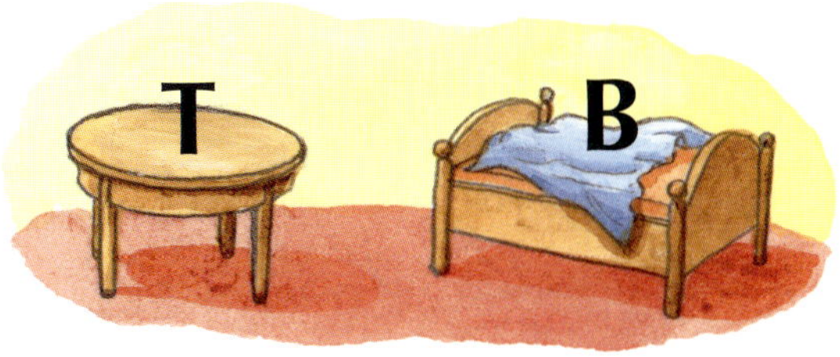

Kürzen

Alter:
ab 7 Jahren

Anzahl:
ein Kind und mehr

Materialien:
kurzer Übungstext

So geht's:
Wenn ein Kind einen bestimmten Text für die Schule mehrmals üben soll, es ihm aber sehr langweilig erscheint, den gleichen Text immer wieder zu lesen, kann folgender Trick helfen: Der Text wird einmal ganz gelesen. Beim nächsten Durchgang darf das Kind das letzte Wort weglassen. Jetzt darf es die letzten zwei Worte, dann die drei letzten Worte weglassen und so fort. Regen Sie das Kind dazu an, die weggelassenen Worte stumm zu lesen. Selbst wenn es die letzten Worte nicht mehr liest, hat es zum Schluss den Text wahrscheinlich um ein Vielfaches häufiger gelesen, als es eigentlich musste.

Tipp:
Das funktioniert natürlich nur bei einem kurzen Text. Bei längeren Texten könnte immer der letzte Satz wegfallen.

Alter:
ab 6 Jahren

Anzahl:
ein Kind und mehr

Materialien:
kurzer Text

Was stimmt da nicht?

So geht's:
Sie schauen gemeinsam ins Buch oder jedes Kind hat den gleichen Text vor sich liegen. Nun beginnen Sie zu lesen, wobei Sie hin und wieder ein Wort durch ein anderes austauschen. Beispiel: „In Lummerland war die meiste Zeit schönes Wetter. Aber es gab natürlich auch manchmal Geburtstage, an denen es regnete." Der Fehler: Anstatt „Geburtstage" muss es „Tage" heißen. Wer das falsche Wort erkennt, erhält einen Punkt oder darf selbst weiterlesen.

Tipp:
Wenn die falschen Wörter im Textzusammenhang keinen Sinn ergeben, können die Kinder natürlich einfach genau zuhören und dadurch den Fehler erkennen.

Alter:
ab 7 Jahren

Anzahl:
ein Kind und mehr

Materialien:
Buch oder Zeitung (kurzer Text)

Verkehrt herum

So geht's:
Wenn Kinder schon sicher lesen und die Leserichtung selbstverständlich einhalten, bereitet es ihnen großes Vergnügen, einmal verkehrt herum zu lesen. Sie beginnen also am Ende einer kurzen Geschichte und lesen Wort für Wort vom Satzende zum Satzanfang und Satz für Satz vom Geschichtenende zum Geschichtenanfang.

Alter:
ab 7 Jahren

Anzahl:
ein Kind und mehr

Materialien:
Buch oder Zeitung (kurzer Text)

Zeitungsmacher

So geht's:
Das Kind durchstöbert alte Zeitungen nach interessanten Schlagzeilen und Überschriften, die es ausschneidet. Ein Wort überklebt es mit weißem Papier und sucht ein anderes Wort, das die Schlagzeile lustiger oder spannender macht. So wurde zum Beispiel aus: „Mehr Strom kann fließen" „Mehr Eis kann fließen" oder aus „Arbeiter erhalten mehr Lohn" „Arbeiter erhalten mehr Elefanten".

Schüttelwörter

Alter:
ab 6 Jahren

Anzahl:
ein Kind und mehr

Materialien:
Zeitungen oder Papier und Stifte oder Buchstabenkärtchen

Spielvorbereitung:
Wenn ein Kind bereits alle Buchstaben kennt und schon einige Wörter schreiben kann, bietet sich folgendes Spiel an: Das Kind schneidet aus einer Zeitung ein langes Wort aus. Wenn es gerade keine Zeitung zur Hand hat, kann es auch ein langes Wort in großen Buchstaben auf einen Zettel schreiben oder mit Buchstabenkärtchen legen.

So geht's:
Nun soll das Kind die Buchstaben dieses Wortes auseinander schneiden und versuchen, aus diesen Buchstaben neue Wörter zu bilden, indem es sie durcheinander mischt und anders anordnet. Wenn es mag, kann es diese neuen Wörter aufschreiben und am Schluss zählen, wie viele Wörter es gefunden hat. Falsch geschriebene Wörter werden natürlich mit Ihrer Hilfe korrigiert.
Spielen mehrere Kinder, verwenden alle das gleiche Ausgangswort. Wer findet die meisten Schüttelwörter?
Ein Beispiel: SCHÜTTELWORT – Ort, rot, Hort, Wort, Torte, Sorte, Test, tot, wo, Tüte, so …

Tipp:
Achten Sie darauf, dass die Schreibweise der Buchstaben in der Zeitung der Schreibweise entspricht, die das Kind in der Schule lernt. Sonst schreiben Sie das Ausgangswort lieber selbst auf, um das Kind nicht zu verwirren. Übrigens fällt das Spiel Kindern leichter, wenn sie das Ausgangswort noch vor sich haben. Schreiben Sie es einfach mit großen Buchstaben zusätzlich auf einen Zettel.

Wirkung:
Dieses Spiel fördert nicht nur die Lese- und Rechtschreibfähigkeit, auch die sprachliche Gewandtheit nimmt zu. Hin und wieder muss ein Wort erklärt werden, das jemand mit den Buchstaben gebildet hat. So wird nebenbei der Wortschatz erweitert.

Alter:
ab 6 Jahren

Anzahl:
ein Kind und mehr, Spielleitung

Materialien:
Stift und Papierstreifen, Abdeckblatt

Wörter aufdecken

Spielvorbereitung:
Auf jeden Papierstreifen wird ein Wort geschrieben, das das Kind schon lesen kann.

So geht's:
Die Spielleitung deckt das Wort auf dem Papierstreifen mit einem Blatt ab und zieht langsam Buchstabe für Buchstabe die Abdeckung weg. Ein Buchstabe nach dem anderen wird sichtbar. Das Kind liest die Buchstaben aufbauend, das heißt, es wiederholt die sichtbaren Buchstaben und fügt den neuen Buchstaben dazu, zum Beispiel: H – Ha – Has – Hase. Mehrere Kinder können um die Wette lesen. Wer das Wort als Erster erkennt, nennt es. Wenn er richtig geraten hat, darf er das nächste Wort Buchstabe für Buchstabe aufdecken.

Wirkung:
Hier üben die Kinder nicht nur das aufbauende Lesen, sondern auch ihre Vorstellungskraft und das sinnerfassende Lesen.

Alter:
ab 7 Jahren

Anzahl:
ein Kind und mehr

Materialien:
ein nicht zu langer Text für jedes Kind

Textbausteine

Spielvorbereitung:
Zerschneiden Sie einen kurzen Text zeilenweise.

So geht's:
Das Kind soll versuchen, den Text wieder richtig zusammenzufügen.

Schatzsuche

Alter:
ab 6 Jahren

Anzahl:
ein Kind und mehr

Materialien:
Stift, Papier, kleine Schätze (Gummibärchen, Muscheln, schöne Steine …)

Spielvorbereitung:
Fertigen Sie eine spannende Schatzkarte an, allerdings nicht, indem Sie einen Plan zeichnen, sondern indem Sie eine Wegbeschreibung formulieren. Zum Beispiel: „Gehe durch die Küchentür in den Gang! Steig die Treppe hoch! Wende dich nach rechts! Geh in das letzte Zimmer! Wende dich dem Bücherregal zu! Stell dich auf die Zehenspitzen …“ Spielen mehrere Kinder mit, können Sie die Schatzkarte mehrmals kopieren. Am Ziel verstecken Sie die Schätze.

So geht's:
Jedes Kind bekommt die Wegbeschreibung und macht sich auf die Suche nach dem Schatz. Wenn Sie für alle Kinder einen Schatz versteckt haben, fügen Sie der Wegbeschreibung noch den Hinweis hinzu, dass jeder nur ein Teil aus dem Versteck an sich nehmen darf. Vielleicht lassen Sie die Kinder auch zeitlich etwas versetzt starten, damit jeder die Wegbeschreibung auch wirklich lesen muss.

Tipp:
Eine spannende Beschäftigung, etwa an einem Kindergeburtstag, wird aus der Schatzsuche, wenn Sie zusätzliche Aufgaben einbauen, die die Kinder lösen sollen, bevor sie den Schatz erhalten. Beispiel:„Geh die Treppe hoch und zähle dabei die Stufen. Schreibe die Zahl der Stufen auf deine Schatzkarte!“ Oder: „Geh ins Badezimmer! Wie viele Zahnbürsten findest du dort? Ist eine gelbe Zahnbürste dabei?“

Unverkrampfte Schreibbewegungen anbahnen

Wichtigste Voraussetzungen, damit das Schreiben gelingen kann, sind eine gut entwickelte Feinmotorik und ein ausgeprägter Tastsinn, also die Geschicklichkeit der ganzen Hand und der einzelnen Finger.
Der Stift muss richtig und unverkrampft gehalten werden. Das Kind muss ihn gut in den Fingern spüren. So kann es einschätzen, wie viel Kraft es braucht, um ihn zu halten und mit wie viel Druck er über das Papier geführt werden muss.
Die Bewegungen müssen genau gesteuert werden und Auge und Hand müssen gut zusammenarbeiten, damit das Kind sich in den vorgegebenen Zeilen zurechtfindet.
Achten Sie darauf, ob das Kind gern malt und geschickt mit Stiften und Papier umgehen kann, ob es auch Einzelheiten zeichnet und Vorlagen ausmalt, ohne ständig über den Rand hinauszugeraten. Kann es den Druck beim Malen mit unterschiedlichen Stiften (z. B. Wachsmalstiften, Holzfarben, Filzstiften …) anpassen? Wichtig ist, dass das Kind viele Möglichkeiten hat, Fingerfertigkeit zu entwickeln und das Zusammenspiel zwischen Augen und Händen – die Auge-Hand-Koordination – zu üben.

Alter:
ab 4 Jahren

Anzahl:
ein Kind und mehr

Materialien:
Erbsen, Linsen, Reis, Perlen …, verschiedene Behälter, evtl. Pinzette

Erbsen picken

So geht's:
Vermischen Sie Erbsen und Linsen miteinander. Das Kind darf nun Aschenputtel spielen und hat die Aufgabe, sie wieder auseinander zu sortieren. Es kann dabei mit den Fingern arbeiten oder eine Pinzette verwenden. Falls das Kind die Hände verkrampft, soll es eine Pause einlegen und die Finger ausschütteln oder ein Fingerspiel machen.

Wirkung:
Die Übung mit diesem „Pinzettengriff" bereitet eine korrekte Stifthaltung vor. Bei der richtigen Stifthaltung liegt der Stift locker zwischen Daumen und Zeigefinger auf dem Mittelfinger.

Fingerspiele

Alter:
ab 4 Jahren

Anzahl:
ein Kind und mehr

Materialien:
keine, evtl. Buch mit Fingerspielen

So geht's:
Fingerspiele eignen sich besonders, um die Beweglichkeit der Finger und Hände und die Auge-Hand-Koordination zu fördern. Außerdem hilft ein Fingerspiel, zwischendurch Verkrampfungen zu lösen und die Finger zu lockern. Zusätzlich wird die Sprachentwicklung unterstützt.
Ein Beispiel:
Herr Links und Frau Rechts, die taten nichts Schlecht's.
(Zu Herr Links wird die linke Hand geschüttelt, zu Frau Rechts die rechte Hand, anschließend beide Hände schütteln.)
Sie gehen zum Tanz, ein jeder kann's.
(Mit beiden Händen über den Tisch krabbeln.)
Herr Links, der tanzt froh, Frau Rechts ebenso.
(Mit dem Daumen der linken Hand den Zeigefinger, Mittelfinger, Ringfinger, kleinen Finger und wieder den Ringfinger, Mittelfinger und Zeigefinger antippen. Mit der rechten Hand wiederholen.)
Dann ist der Tanz aus, sie gehen nach Haus.
(Wieder mit den Händen über den Tisch krabbeln und sie anschließend hinter dem Rücken verschwinden lassen.)

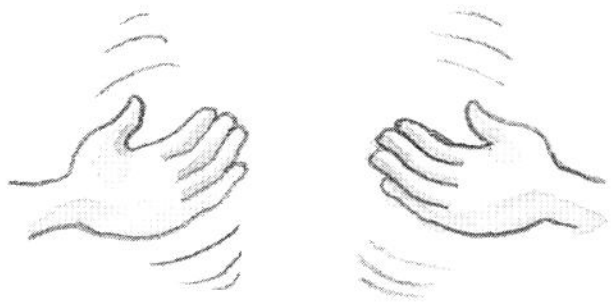

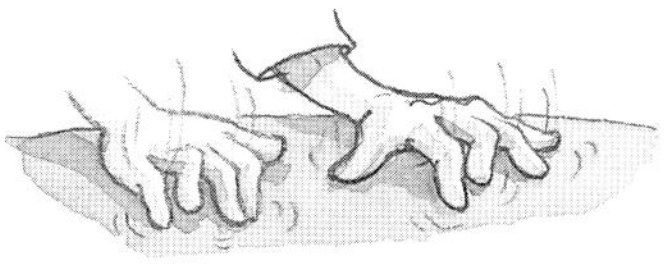

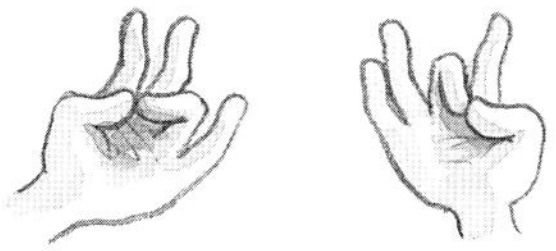

Wirkung:
Hier geht es ganz nebenbei auch darum, rechts und links zu unterscheiden.

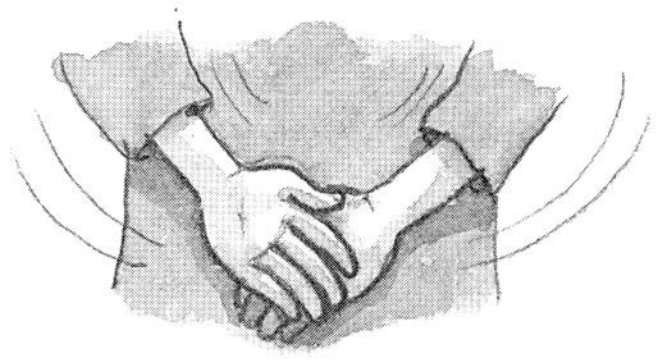

Schleichwege

Alter:
ab 5 Jahren

Anzahl:
ein Kind und mehr

Materialien:
Zeitungen, Zeitschriften, Stifte

So geht's:
Das Kind bekommt eine Zeitungsseite und einen Stift und soll versuchen, sich einen Weg durch die Wortzwischenräume und Zeilen zu suchen. Es kommt darauf an, dabei nirgends anzustoßen.

Wirkung:
Die sichere Führung des Stiftes wird geübt. Rätselhefte mit Labyrinthen für Kinder sind dafür auch geeignet.

Hindernislauf

Alter:
ab 5 Jahren

Anzahl:
ein Kind und mehr

Materialien:
verschiedene kleine Gegenstände, die sich als Hindernisse eignen (Knöpfe, Erbsen, Kastanien, Münzen …), eventuell ein großer Bogen Papier und ein Stift

So geht's:
Die Hindernisse werden auf einem Tisch verteilt und das Kind versucht, mit dem Finger möglichst rasch um die Hindernisse herum zu „laufen". Man kann die Hindernisse auch auf einem großen Bogen Papier verteilen und sie mit einem Stift umfahren.

Tipp:
Je kleiner und beweglicher die Hindernisse sind, desto schwieriger wird die Aufgabe.

Muster und Ornamente

Alter:
ab 5 Jahren

Anzahl:
ein Kind und mehr

Materialien:
Stifte und Papier

So geht's:
Das Kind soll ein Bild, das es gemalt hat, mit einem „Rahmen" versehen, etwa mit Wellen- oder Zickzackmustern. Auch Briefe lassen sich auf diese Weise hübsch verzieren und die Handgeschicklichkeit wird geübt.

Steine ins Wasser werfen

Alter:
ab 5 Jahren

Anzahl:
ein Kind und mehr

Materialien:
Papier und Stift

So geht's:
Sie zeichnen auf ein Blatt Papier einen Kreis. Das soll der See sein. Das Kind wirft einen Stein ins Wasser, indem es in die Mitte des Kreises einen Punkt malt, um den es möglichst viele immer größer werdende Kreise zieht, die einander nicht berühren sollen.

Ausmalen

Alter:
ab 4 Jahren

Anzahl:
ein Kind und mehr

Materialien:
Malbuch, Farben

So geht's:
Auch wenn Sie vom kreativen und künstlerischen Standpunkt her nicht begeistert sind, wenn ein Kind in einem Malbuch malt: Dieses eher fantasielose Ausmalen hat doch den Vorteil, dass die Kinder üben, vorgegebene Flächen beim Malen einzuhalten. Beim Schreibenlernen kommt es unter anderem auch darauf an, innerhalb der vorgegebenen Begrenzungslinien (Zeilen) zu bleiben. Unter diesem Gesichtspunkt kann das gelegentliche Malen in einem Malbuch also nicht schaden, solange das Kind noch genügend andere Gelegenheiten hat, schöpferisch mit Stiften und Farbe umzugehen.

Von Punkt zu Punkt

Alter:
ab 5 Jahren

Anzahl:
ein Kind und mehr

Materialien:
Papier und Stifte

Spielvorbereitung:
Malen Sie auf ein Blatt Papier den Umriss eines Hauses, einer Blume oder jeder beliebigen Form auf, indem Sie gepunktete Linien bilden.

So geht's:
Das Kind soll die Punkte miteinander verbinden.

Wirkung:
Das ist nicht nur eine gute Übung für die Stiftführung. Nebenbei wird auch das Auge des Kindes geschult und es übt Formen zu erkennen.

Erste Schreibspiele

Anfangs schreiben Kinder in einer großen Schrift oder sogar mit dem ganzen Körper und gehen langsam zu einer kleineren Schreibweise über. Neben dem richtigen Schreiben einzelner Buchstaben geht es auch darum, die Schreibrichtung von links nach rechts einzuhalten. Genau wie beim Lesen gilt es, möglichst viele sinnvolle Schreibanlässe zu finden, damit die Kinder die neu erlernte Kunst so oft wie möglich anwenden und ihr Können festigen.

Alter:
ab 5 Jahren

Anzahl:
ein Kind und mehr

Materialien:
Knetmasse, Salzteig oder Ton

Buchstaben kneten

So geht's:
Jedes Kind bekommt ein Stück Knetmasse und versucht, daraus alle Buchstaben zu formen, die es schon kennt. Wer kann seinen Namen mit Knetmasse schreiben? Schafft es jemand, einen bestimmten Buchstaben auch blind zu formen?

Tipp:
Wenn selbsthärtende Modelliermasse oder Ton verwendet wird, können die Kinder anschließend mit den Buchstaben immer wieder Wörter zusammenstellen.

Wirkung:
Hier werden nicht nur die Buchstaben geübt, ganz nebenbei werden die Feinmotorik und der Tastsinn angeregt. Das wirkt sich positiv auf Stifthaltung und Schrift aus.

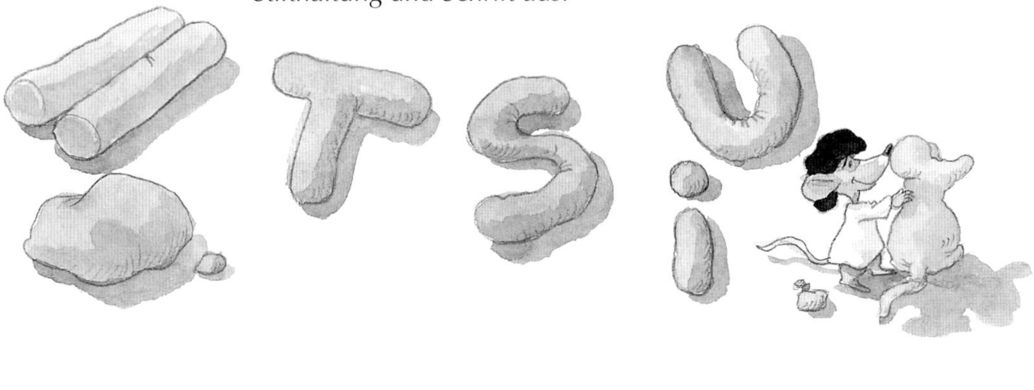

Riesengroß und zwergenklein

Alter:
ab 6 Jahren

Anzahl:
ein Kind und mehr

Materialien:
ein Bogen Papier (DIN A4), Stift

So geht's:
Das Kind soll einen Buchstaben oder ein Wort möglichst groß auf das Papier schreiben. Das Blatt wird zusammengeklappt und in der Mitte gefaltet. Jetzt schreibt das Kind den Buchstaben erneut – halb so groß wie beim ersten Mal. Das Papier wird wieder gefaltet ... Das Spiel wird so lange wie möglich fortgesetzt, bis aus der riesengroßen Schrift eine zwergenkleine wurde.

Tipp:
Lustig ist es auch, mit dem Finger in Sand zu schreiben. Geben Sie einfach etwas Sand auf ein Tablett und schon kann es losgehen. Auch hierbei sind große Schreibbewegungen möglich.

Fadenwörter

Alter:
ab 6 Jahren

Anzahl:
ein Kind und mehr

Materialien:
Wolle oder Garn

So geht's:
Im Lauf des ersten Schuljahres lernen Kinder neben der Druckschrift auch die Schreibschrift kennen. Mit einem langen Wollfaden können sie üben, einzelne Buchstaben oder ganze Wörter in Schreibschrift zu schreiben. Das geht am besten auf einem Teppich oder im Gras, weil der Faden auf einer ganz glatten Oberfläche zu leicht verrutschen würde. Für die Tupfen auf Ä, I, Ö oder Ü können Knöpfe oder Geldstücke verwendet werden. Für den T-Strich gibt es ein kurzes Stück Schnur zusätzlich. Nicht alle Wörter lassen sich an einem Stück schreiben.

Tipp:
Jüngeren Kindern macht es Spaß, einfache Bilder aus Schnur zu legen. Dabei üben sie ihre Feinmotorik.

Listen schreiben

Alter:
ab 6 Jahren

Anzahl:
ein Kind und mehr

Materialien:
Stifte und Papier, evtl. Küchenwecker

So geht's:
Wenn ein Kind schon alle Buchstaben kennt und schreiben kann, schreiben Sie auf einen Zettel verschiedene Buchstaben untereinander. Auf ein Startzeichen hin soll das Kind alle Buchstaben auf der Liste zu Wörtern ergänzen. Wie lange braucht es dazu? Schafft es seine Liste innerhalb einer vorgegebenen Zeit? Spielen mehrere Kinder miteinander, können sie um die Wette spielen. Wer findet innerhalb der vorgegebenen Zeit die meisten Wörter?

Variation:
Werden thematische Listen erstellt, wird das Spiel noch spannender: Was packen wir in den Wanderrucksack? Wen oder was sehen wir im Zoo? Womit spielst du gerne? Manche Lösungen sind nicht unbedingt auf den ersten Blick einleuchtend. Umso lustiger wird es, wenn die Kinder ihre zweifelhaften Lösungen begründen!

Namensalphabet

Alter:
ab 6 Jahren

Anzahl:
ein Kind und mehr

Materialien:
Papier, Stifte

Spielvorbereitung:
Auf das Papier werden die Buchstaben des Alphabets geschrieben.

So geht's:
Spielt ein Kind allein, schließt es die Augen und tippt auf den Buchstabenzettel. Dann versucht es, möglichst viele Namen zu finden, die mit dem Buchstaben beginnen, auf den es getippt hat. Am besten schreibt es die Namen auf.
Spielen mehrere Kinder, bewegt ein Spieler mit geschlossenen Augen seinen Zeigefinger über das Papier, bis ein anderer Spieler „Stopp" sagt. Mit dem Buchstaben, auf dem sich der Finger gerade befindet, beginnt das Spiel. Nun sollen alle Kinder möglichst viele Namen aufschreiben, die mit diesem Buchstaben beginnen. Das geht so lange, bis niemand mehr einen Namen weiß. Dann wird ausgezählt, wem die meisten eingefallen sind, und ein neuer Buchstabe ausgewählt.

Einkaufen

Alter:
ab 6 Jahren

Anzahl:
ein Kind und mehr

Materialien:
Papier, Stift

So geht's:
Gegen Ende des ersten Schuljahres, wenn ein Kind schon sehr stolz auf seine Lese- und Schreibkünste ist, macht es ihm besonders Spaß, wenn es die neu erlernten Fertigkeiten auch praktisch einsetzen kann. Eine gute Möglichkeit ist es, das Kind einen Einkaufszettel schreiben zu lassen, bevor es allein oder mit Ihnen zusammen einkaufen geht. Im Geschäft liest es dann den Zettel vor.

Um die Ecke oder im Kreis schreiben

Alter:
ab 6 Jahren

Anzahl:
ein Kind und mehr

Materialien:
Papier und Stift

So geht's:
Je mehr ein Kind das Schreiben übt, desto leichter wird es ihm fallen. Für Abwechslung sorgen folgende Techniken: Zeichnen Sie auf ein Blatt einen großen Kreis oder eine Spirale. Das Kind soll seinen Text an der Linie entlang, beziehungsweise von innen nach außen schreiben, wobei es ständig das Blatt drehen muss. Es kann auch am Rand eines Blattes entlangschreiben und das Blatt drehen, wenn es an den Ecken ankommt. Oder das Blatt wird nach jedem Wort gedreht, sodass Wörtertreppen entstehen.

Rechtschreibübungen

In der deutschen Sprache zu schreiben ist recht schwierig, weil nur die wenigsten Worte „lauttreu" geschrieben werden. Damit ein Schulanfänger mit der Rechtschreibung zurechtkommt, muss er sich in erster Linie das Schriftbild einprägen können. Dazu kann man ein neues Wort langsam vorsprechen und gleichzeitig richtig aufschreiben. Das Kind kann dann zunächst das Wort abschreiben. Noch besser ist es, das Kind zu bitten, sich das Wort einzuprägen, die Vorlage abzudecken und aus dem Gedächtnis zu schreiben. Diktate machen Kindern meist nicht sehr viel Spaß, Spiele bieten alternative Möglichkeiten, die Rechtschreibung zu üben.

Alter:
ab 7 Jahren

Anzahl:
zwei Kinder und mehr

Materialien:
Stifte und ein großer Bogen Papier oder Tafel und Kreide

Wörtertreppen

So geht's:
Ein Kind beginnt und schreibt ein Wort auf das Papier oder die Tafel. Das nächste Kind soll ein Wort finden, das mit dem letzten Buchstaben des vorgegebenen Wortes beginnt und es von oben nach unten an das erste Wort anfügen. Nacheinander sucht jedes Kind nach einem neuen Wort und schreibt es abwechselnd einmal waagerecht und einmal senkrecht dazu. So entsteht eine Wörtertreppe aus bekannten Wörtern und die Kinder wiederholen und verinnerlichen die richtige Schreibweise.

Alter:
ab 6 Jahren

Anzahl:
zwei Kinder und mehr

Materialien:
Papier und Stifte oder Tafel und Kreide

Wörtergitter

So geht's:
Dieses Spiel funktioniert ähnlich wie die oben beschriebene Wörtertreppe, allerdings dürfen die Kinder selbst entscheiden, mit welchem Buchstaben des vorangegangenen Wortes das neue Wort beginnen soll. Sie schreiben das neue Wort wieder abwechselnd einmal waagrecht, einmal senkrecht.

Galgen errichten

Alter:
ab 7 Jahren

Anzahl:
drei Kinder und mehr, eventuell Spielleitung

Materialien:
Stift, Papier, evtl. Tafel und Kreide

So geht's:
Ein Kind oder die Lehrkraft denkt sich ein Wort aus und malt für jeden Buchstaben eine Linie auf das Papier oder die Tafel. Die Kinder sollen nun das Wort erraten, indem sie reihum Buchstaben nennen. Kommt der Buchstabe im Wort vor, wird er auf die entsprechende Linie geschrieben. Kommt der Buchstabe in dem Wort nicht vor, wird ein Strich am Galgen gezeichnet. Erraten die Kinder das Wort, bevor der Galgen fertig ist, gewinnen sie, ist aber der Galgen zuerst fertig, hat derjenige, der sich das Wort ausgedacht hat, gewonnen.

Tipp:
Spielen jüngere Kinder mit, sollte auf jeden Fall eine rechtschreibsichere Person die Spielleitung übernehmen und das gesuchte Wort vorgeben. Außerdem ist es hilfreich, wenn der erste Buchstabe vorgegeben und auch an den Stellen im Wort eingefügt wird, wo er ebenfalls vorkommt.
Statt des Galgens kann auch eine andere Strichzeichnung entstehen.

Alter:
ab 6 Jahren

Anzahl:
ein Kind und mehr

Materialien:
einen bekannten und bereits gelesenen Text (möglichst vergrößerte Kopie, damit das Kind besser hineinschreiben kann), Korrekturweiß, Stift

Schreibfee und Wortzauberer

Spielvorbereitung:
Die „böse Hexe" ist über den Text gehuscht und hat einige Wörter verschwinden lassen. (Überkleben oder übermalen Sie in einem bekannten Text einige Wörter.)

So geht's:
Das Kind wird zur Schreibfee oder zum Wortzauberer und soll die fehlenden Wörter wieder einfügen.

Tipp:
Leichter wird es, wenn das Kind beim Überkleben zusieht. Natürlich darf es später auch mal Wörter verschwinden lassen und Sie müssen diese wieder herbeizaubern.

Wirkung:
Neben Rechtschreibung wird hier das sinnerfassende Lesen geübt.

Stummes Diktat

Alter:
ab 7 Jahren

Anzahl:
ein Kind und mehr

Materialien:
einen bereits gelesenen Übungstext, Stift und Papier

So geht's:
Sie schreiben ein Wort aus dem Text stumm mit dem Finger auf den Tisch. Ihr Kind soll genau zusehen und erkennen, um welches Wort es sich handelt. Wenn es glaubt, das Wort erkannt zu haben, schreibt es dieses auf sein Papier. Jedes richtige Wort gibt einen Punkt. Nach einiger Zeit werden die Rollen getauscht.

Schreibmaschinenbriefe

Alter:
ab 6 Jahren

Anzahl:
ein Kind

Materialien:
Schreibmaschine oder PC und Papier

So geht's:
Kinder schreiben gerne mit der Schreibmaschine oder dem PC. Auch wenn sie dabei nicht das Schreiben als solches üben, kann man diese Begeisterung doch als willkommene Übung zur Rechtschreibung nutzen.

Stempeln

Alter:
ab 6 Jahren

Anzahl:
ein Kind und mehr

Materialien:
Buchstabenstempel, Stempelkissen oder Farbe und Pinsel

So geht's:
Kinder, die motorisch ungeschickter sind und die beim Schreiben schnell die Hände verkrampfen, schreiben oft sehr ungern. Das Stempeln von Wörtern ist hier eine gute Alternative. Die Kinder prägen sich so Wortbilder ein und üben die richtige Schreibweise.

Tipp:
Es gibt Buchstabenstempel im Spielzeughandel zu kaufen, manchmal liegen diese Stempel Leselernspielen bei. Man kann Buchstabenstempel aber auch selbst aus Moosgummi herstellen.

Wirkung:
Beim Stempeln wird das Schreibtempo verlangsamt – ideal für Schreibanfänger.

Alter:
ab 7 Jahren

Anzahl:
ein Kind und mehr

Materialien:
Papier und Stifte

Kreuzworträtsel

Spielvorbereitung:
Stellen Sie selbst ein einfaches Kreuzworträtsel her. Der gesuchte Begriff wird aufgemalt oder, wenn das Kind schon gut lesen kann, kurz umschrieben. Die einzelnen Felder müssen Sie natürlich groß genug gestalten, damit Bild oder Beschreibung Platz finden. Einfache Kinderkreuzworträtsel findet man auch in Zeitschriften oder Rätselheften.

So geht's:
Spielt ein Kind allein, versucht es selbst die Lösungen zu finden. Spielen mehrere Kinder, können sie sich mit dem Eintragen der Lösungen abwechseln. Wer kann die letzte Frage beantworten?

Alter:
ab 7 Jahren

Anzahl:
ein Kind und mehr

Materialien:
Stift und Papier, Übungstext oder Wörterliste

Fast wie Zwillinge

So geht's:
Wenn ein Kind die Schreibweise bestimmter Wörter üben soll, ist es hilfreich, sie zusammen mit anderen zu üben, die ähnlich geschrieben werden. Erstellen Sie eine Liste, in der neben Wörtern des Grundwortschatzes auch Wörter versteckt sind, die fast genauso aussehen wie das Übungswort. Das Kind soll dann aus der Wörterliste die „Beinahe-Zwillinge" heraussuchen und dazuschreiben. Beispiel: Riese – Wiese, blass – nass. Vielleicht fallen dem Kind sogar noch mehr ähnliche Wörter ein.

Wirkung:
Wenn das Kind Reimwörter findet, erkennt es Lautverwandtschaften und übt auf diese Weise gleich die Rechtschreibung mehrerer Wörter. Vermeiden Sie dabei unterschiedliche Schreibungen, z. B. Wal – Saal.

Rechtschreib-Körperspiel

Alter:
ab 7 Jahren

Anzahl:
ein Kind und mehr, Spielleitung

Materialien:
keine

So geht's:
Oft schreiben Kinder nicht sehr gerne. Sie können Rechtschreibung aber auch ohne Schreiben üben. Die Spielleitung spricht ein Wort vor. Wird das Wort groß oder klein geschrieben? Die Kinder gehen in die Hocke oder machen einen Luftsprung oder sie heben bzw. senken die Arme.

Alle Hauptwörter tanzen

Alter:
ab 7 Jahren

Anzahl:
drei Kinder und mehr

Materialien:
keine

So geht's:
In der ersten oder zweiten Klasse lernen die Kinder, dass Nomen (Hauptwörter/Namenwörter) großgeschrieben werden. Um das sichere Erkennen der Nomen zu üben, eignet sich das folgende Spiel, das ähnlich funktioniert wie das bekannte „Alle Vögel fliegen hoch". Ein Kind sagt: „Alle Hauptwörter tanzen. Dach tanzt. Baum tanzt. Lustig tanzt. Ball tanzt ..." Die anderen Kinder drehen sich einmal um die eigene Achse, wenn es sich bei dem genannten Wort auch wirklich um ein Nomen handelt. Wer einen Fehler macht, scheidet aus oder gibt ein Pfand.

Tipp:
Rechtschreibung ohne Schreiben in Verbindung mit Bewegung zu üben, lockert auf und macht Kindern besonders viel Spaß.

Mit Zahlen jonglieren – erstes Rechnen

Um eine Vorstellung von Zahlen, Mengen, Größen und Formen zu bekommen, müssen Kinder sie im wahrsten Sinne des Wortes begreifen. Sie brauchen Gegenstände zum Rechnen, die sie anfassen können, um langsam den Zahlenraum bis 20 zu erobern. Um z. B. eine Mengenvorstellung zu bekommen, rechnen Kinder anfangs mit Hilfsmitteln wie Zahlenwürfeln oder Rechenschieber.
Wenn ein Kind Rechnen lernen soll, ist es wichtig, dass es einige grundlegende Fertigkeiten beherrscht: Es sollte in der Lage sein, logische Reihen zu bilden und fortzusetzen, also etwa Muster weiterzulegen oder Perlen in vorgegebener Reihenfolge aufzufädeln.
Indem das Kind mit unterschiedlichen Materialien umgeht, ihre Eigenschaften und Merkmale (z. B. Farben, Formen, Größen ...) unterscheidet, vergleicht und sortiert, übt es logisches Denken. Das stellt die Grundlage für mathematische Operationen dar.
Das Kind sollte etwa zehn Gegenstände abzählen können und z. B. eine erwürfelte Zahl bei einem Gesellschaftsspiel richtig weiterziehen. Es nützt einem Kind wenig, wenn es zwar bis 100 zählen, aber Dinge nicht abzählen kann und keine Vorstellung davon hat, wie viel z. B. 4 tatsächlich bedeutet.
Das Kind sollte kleinere Mengen, etwa bis sechs, auf einen Blick erkennen (z. B. die Zahlensymbole auf einem Würfel) und Ordnungszahlen verstehen (Erster, Fünfter von rechts ...). Mit Bezeichnungen wie wenig – mehr – gleich viel – am wenigsten – am kleinsten – am größten ... sollte das Kind sicher umgehen und Größen vergleichen können (z. B. Gegenstände nach Größen sortieren).
Ein Kind, das auswendig weiß „3 + 3 = 6", kann noch nicht rechnen. Erst, wenn es ihm gelingt, sechs Gummibärchen gerecht zwischen zwei oder drei Kindern aufzuteilen und es weiß, dass 2 weniger sind als 4, kann es wirklich rechnen. Außerdem muss das Kind verstehen, dass die Zahlen für bestimmte Mengen gleicher Dinge stehen können, also 3 zum Beispiel genauso drei Gummibärchen, wie drei Autos bedeuten kann.

Farben und Formen – erkennen, benennen und unterscheiden

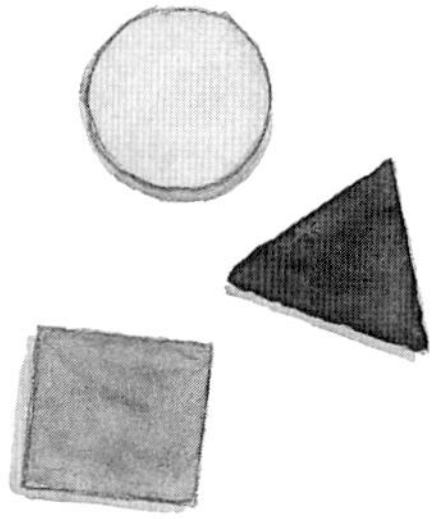

Rot, Gelb, Blau, Grün, Lila, Orange, Braun, Schwarz und Weiß – diese Farben sollte ein Kind mindestens kennen, wenn es in die Schule kommt. Dazu sollte es die Grundformen Kreis, Dreieck und Quadrat erkennen und benennen können.
Ausgestattet mit diesem Grundwissen kann man mit dem Kind dann viele Spiele spielen, die das logische Denken, die Grundlage der Mathematik, fördern.

Alter:
ab 4 Jahren

Anzahl:
ein Kind und mehr

Materialien:
Moosgummi, Flaschenkorken und Klebstoff oder Kartoffeln, Farbe (evtl. Stofffarbe), Pinsel, Papier oder Stoffreste

Drucken mit bunten Formen

Spielvorbereitung:
Stellen Sie aus Moosgummi unterschiedliche geometrische Formen her, die Sie auf einen Flaschenkorken oder ein Holzstück kleben. Oder stellen Sie entsprechende Stempel aus Kartoffeln her.

So geht's:
Das Kind kann mit den unterschiedlichen Stempeln Papier oder Stoff bedrucken. Sie können ein Muster aus unterschiedlichen Farben und Formen vorgeben, welches das Kind fortsetzen soll. Sie können das Kind aber auch dazu anhalten, bestimmte Formen in einer vorgegebenen Farbe zu drucken, also alle Dreiecke rot, alle Kreise gelb …

Tipp:
Auf diese Weise können Deckchen, Stofftaschen, Geschenkpapier und vieles mehr entstehen.

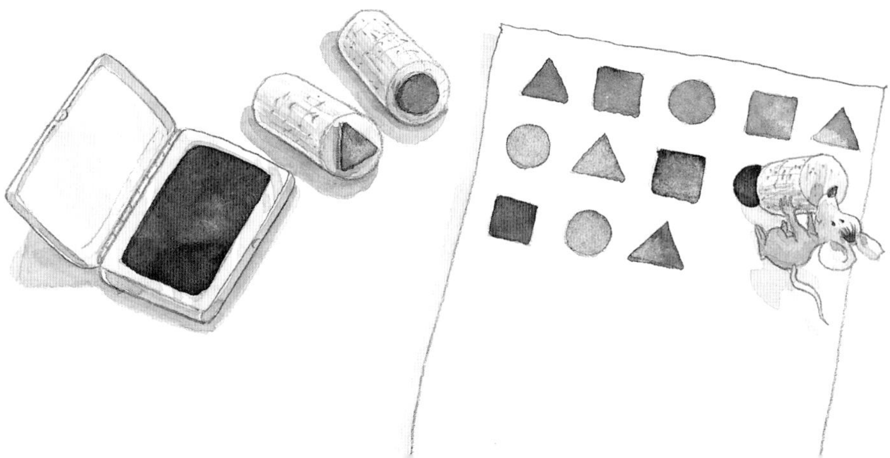

Formen suchen

Alter:
ab 5 Jahren

Anzahl:
ein Kind und mehr

Materialien:
Zeitschriften und Prospekte, Stifte

So geht's:
Das Kind wählt ein Bild aus und betrachtet es genau. In vielen Gegenständen verstecken sich Formen, etwa ein Dreieck in einem Dach, ein Kreis in einem Baum, ein Viereck in einem Haus …
Das Kind soll möglichst viele Formen herausfinden und mit einem Stift nachzeichnen. Ältere Kinder können für jede Form eine andere Farbe verwenden.

Wirkung:
Hier geht es nicht nur darum, Formen zu erkennen und zu unterscheiden. Die Kinder müssen auch genau hinsehen und Einzelheiten aus einem Ganzen herausfinden.

Formentanz

Alter:
ab 5 Jahren

Anzahl:
möglichst viele Kinder, Spielleitung

Materialien:
Kassettenrekorder oder CD-Spieler

So geht's:
Alle Kinder fassen sich an den Händen und tanzen zur Musik im Kreis. Plötzlich stoppt die Spielleitung die Musik und nennt eine Form, die alle Kinder zusammen bilden sollen, ohne die Hände loszulassen. Die Kinder können sich in Form eines Kreises, eines Dreiecks, eines Quadrats, eines Rechtecks usw. aufstellen. Ist die perfekte Form entstanden, setzt die Musik wieder ein und die Kinder tanzen bis zum nächsten Musikstopp weiter.

Alter:
ab 5 Jahren

Anzahl:
zwei Kinder und mehr

Materialien:
Papier und Farben oder verschiedenfarbiges Tonpapier, Schere, Lineal, Formen-, Farb- und Zahlenwürfel

Formen und Farben würfeln

Spielvorbereitung:
Auf das Papier werden Kreise, Dreiecke und Vierecke aufgezeichnet und ausgeschnitten. Wird normales Papier verwendet, werden die Formen unterschiedlich bemalt. Am Ende sollten mindestens je zehn Kreise, Drei- und Vierecke in den Farben Rot, Gelb und Blau vorhanden sein.

Tipp:
Jüngere Kinder dürfen die Formen freihand aufzeichnen. Kinder, die bereits die Schule besuchen, sollen für den Kreis eine Schablone, für die anderen Formen ein Lineal verwenden. Wenn Sie dem Kind den richtigen Einsatz des Lineals zeigen, übt es auf diese Weise gleich den Umgang damit.

So geht's:
Die Kreise, Dreiecke und Vierecke werden nach Farben und Formen sortiert in der Mitte des Tisches gestapelt. Die Kinder würfeln reihum immer mit allen drei Würfeln und suchen entsprechend den gewürfelten Punkten die richtige Anzahl farbiger Formen aus. Es wird gewürfelt, bis alle Teile einen Besitzer gefunden haben. Wer hat am Schluss die meisten Kreise, Dreiecke und Vierecke?

Variation:
Jedes Kind legt die Formen, die es aufgenommen hat, bei jedem Durchgang gruppenweise zusammen. Wer zuerst mehr als zehn Kreise, Dreiecke und Vierecke oder mehr als zehn rote, gelbe und blaue Formen besitzt, hat gewonnen.

Farben und Formen

Alter:
ab 5 Jahren

Anzahl:
ein Kind und mehr

Materialien:
Stifte und Papier

Spielvorbereitung:
Malen Sie auf ein Blatt Papier mehrere Kreise, Dreiecke und Vierecke in unterschiedlichen Größen.

So geht's:
Das Kind soll alle Kreise mit einer bestimmten Farbe anmalen, alle Dreiecke in einer anderen und alle Vierecke in einer weiteren Farbe.

Variation:
Später können noch weitere Formen hinzugefügt bzw. stärker differenziert werden, etwa Rechtecke, Quadrate, Sechsecke, Ovale. Wenn Sie die Formen in zwei verschiedenen Größen aufzeichnen, kann das Kind zusätzlich groß und klein unterscheiden.

Sortieren

Alter:
ab 5 Jahren

Anzahl:
ein Kind und mehr

Materialien:
viele unterschiedliche Knöpfe, Perlen ..., evtl. Eierkartons oder Umverpackungen von Pralinen, Keksen o. Ä.

So geht's:
Die Kinder sollen die Gegenstände nach unterschiedlichen Kriterien wie Farbe oder Größe sortieren.

Wirkung:
Sie üben dabei das Unterscheiden von Farben, Formen und Größen, lernen Kategorien zu bilden und trainieren auch ihre optische Wahrnehmungsfähigkeit.

Ketten malen, fädeln, drucken ...

Alter:
ab 5 Jahren

Anzahl:
ein Kind und mehr

Materialien:
Perlen, Faden, Stempel

So geht's:
Das Kind fädelt, malt oder stempelt Reihen („Ketten") nach bestimmten Vorgaben: Entweder es bekommt eine Vorlage oder Abbildung mit einem besonderen Muster oder es soll Farben und Formen in eine bestimmte Reihenfolge bringen.

Zählen und Zahlen erkennen und benennen

Auf die Frage nach ihrem Alter bekommt man von Kindergartenkindern oft drei, vier oder fünf Finger entgegengestreckt. Bis zum Schuleintritt können sie in der Regel bis zehn zählen, haben aber oft noch kein Gefühl für die Größe oder Menge, die sich hinter einer Zahl verbirgt. Sicheres Zählen auch über die Anzahl der eigenen Finger hinaus, ein Gefühl für Mengen und das Erlernen der Ziffern und ihrer Zusammensetzung zu zweistelligen Zahlen kann ebenso spielerisch geübt werden wie das Hören und Erkennen von Buchstaben.

Alter:
ab 5 Jahren

Anzahl:
zwei bis drei Kinder

Materialien:
eine Schale mit vielen Nüssen, Murmeln, Kastanien oder dergleichen

Mehr oder weniger

So geht's:
Die Schüssel mit den Nüssen steht in der Mitte. Alle Kinder fassen gleichzeitig in die Schüssel, nehmen eine Hand voll Nüsse heraus und legen sie vor sich auf den Tisch. Wer hat die meisten, wer die wenigsten Nüsse ergattert? Zuerst wird geschätzt, dann wird nachgezählt.

Alter:
ab 5 Jahren

Anzahl:
ein Kind

Materialien:
Kataloge, Werbeprospekte, Stift

Gut geschätzt?

Sammeln Sie Kataloge und Werbeprospekte. (Besonders geeignet sind z. B. Prospekte von Schuhläden.) Wählen Sie eine Seite aus und lassen Sie das Kind nun schätzen, wie viele Gegenstände einer Sorte (z. B. Stiefel oder Sandalen) sich auf dem Bild befinden. Zuerst wird geschätzt, dann wird nachgezählt. Damit das Kind eine Vorstellung von Mengen und Zahlen bekommt, kann es immer eine bestimmte Anzahl (zwei bis fünf) der Gegenstände mit einem Stift einkreisen.

Zählen nach Gehör

Alter:
ab 5 Jahren

Anzahl:
ein Kind und mehr, Spielleitung

Materialien:
Knöpfe, Kastanien oder Bonbons, Schüssel

So geht's:
Alle Kinder schließen die Augen oder wenden der Spielleitung den Rücken zu. Die Spielleitung lässt eine bestimmte Anzahl Knöpfe in eine Schüssel fallen und die Kinder zählen in Gedanken mit. Wer zuerst die richtige Zahl nennt, erhält die Knöpfe aus der Schüssel. Wer hat nach mehreren Durchgängen die meisten Knöpfe? Sehr viel reizvoller wird das Spiel natürlich, wenn mit Bonbons gespielt wird.

Wirkung:
Die Kinder üben nicht nur zählen, sondern auch ruhig und konzentriert zu sein.

Wie viele Bäuche?

Alter:
ab 5 Jahren

Anzahl:
ein Kind und mehr

Materialien:
keine

So geht's:
Zählen Sie doch einmal verschiedene Körperteile zusammen. Beispiel: „Wie viele Bäuche haben wir zusammen?", „Wie viele Ohren haben wir zusammen?", „Wie viele Finger haben wir zusammen?" Je mehr Kinder mitspielen, desto schwieriger wird das Ganze natürlich. Allerdings kann man dann auch fragen: „Wie viele Augen haben Tom, Sascha, Jana und Ümet zusammen?" oder „Wie viele Zehen haben Lisa, Alexander und Sebastian zusammen?" Wer nennt zuerst das richtige Ergebnis? Natürlich zählen alle gemeinsam laut nach. Eine lustige Art, das Zählen zu üben!

Alter:
ab 5 Jahren

Anzahl:
fünf Kinder und mehr, Spielleitung

Materialien:
keine, eventuell Kassettenrekorder oder CD-Spieler

Gruppen bilden

So geht's:
Alle Kinder bewegen sich durch den Raum. Auf Zuruf des Spielleiters (beziehungsweise bei Musik-Stopp) finden sich die Kinder in der von der Spielleitung genannten Gruppenzahl zusammen. Wie viele Kinder bleiben übrig? Die Kinder trennen sich und finden sich beim nächsten Stopp zu neuen Gruppen zusammen.

Alter:
ab 6 Jahren

Anzahl:
zehn Kinder und mehr, Spielleitung

Materialien:
Karton, Stifte, Schere, Schnur, Nadel

Durcheinander

Spielvorbereitung:
Aus dem Karton werden Zahlentafeln von 1 bis 10 angefertigt und mit einer Schnur zum Umhängen versehen (oder mit Nadeln an der Kleidung befestigt).

So geht's:
Jedes Kind erhält eine Zahlentafel und alle laufen kreuz und quer durcheinander. Auf ein Zeichen der Spielleitung sollen sich alle Kinder in der richtigen Reihenfolge aufstellen.

Variation:
Es können auch zwei Gruppen gegeneinander antreten. Welche Gruppe steht schneller in der richtigen Reihenfolge?

Zahlenrennen

Alter:
ab 6 Jahren

Anzahl:
ein Kind und mehr

Materialien:
Papier, Stifte

Spielvorbereitung:
Auf ein Blatt Papier werden kreuz und quer die Zahlen von 1 bis 10 (oder mehr) geschrieben.

So geht's:
Das Kind soll die Zahlen in der richtigen Reihenfolge verbinden. Spielen mehrere Kinder, schreibt jedes Kind auf einen Zettel die vereinbarten Zahlen durcheinander und gibt den Zettel dann an seinen Nachbarn. Wer hat seine Zahlen am schnellsten verbunden?

Schwarze Tage

Alter:
ab 7 Jahren

Anzahl:
zwei Kinder und mehr

Materialien:
ein großes Kalenderblatt, kleines Pappstück von der Größe der Zahlen auf dem Kalender

So geht's:
Ein Kind verdeckt auf dem Kalenderblatt mit dem Pappstück eine Zahl. Wer den „schwarzen Tag" als Erster richtig benennen kann, darf die nächste Zahl verdecken.

Wirkung:
Wenn Kinder in den Zehnerbereich vordringen, fällt es ihnen zunächst oft schwer, die Einer und Zehner an der richtigen Stelle zu platzieren oder zweistellige Zahlen richtig zu lesen. Sie orientieren sich an der Leserichtung, die für Buchstaben und Wörter gilt. Daher lesen sie die Zahlen ebenfalls von links nach rechts. Aus 31 wird dann beispielsweise leicht 13 („drei-zehn"). Das Kalenderspiel bietet sich an, um das richtige Lesen von Zahlen zu üben.

Alter:
ab 5 Jahren

Anzahl:
drei Kinder und mehr

Materialien:
keine

Weiterzählen

So geht's:
Ein Kind beginnt. Es ruft ein anderes Kind auf, nennt eine Zahl aus einem vorher festgelegten Zahlenraum, zum Beispiel „9" und fügt entweder „vorwärts" oder „rückwärts" dazu. Das aufgerufene Kind soll von der genannten Zahl ausgehend drei Zahlen vorwärts oder rückwärts weiterzählen, also z. B. „neun – acht, sieben, sechs". Hat es seine Aufgabe richtig erfüllt, darf es ein anderes Kind aufrufen und selbst die nächste Aufgabe stellen.

Variation:
Der Zahlenbereich kann sich auf die Zahlen von 1 bis 10 beschränken oder beliebig erweitert werden – ganz den Fähigkeiten der Kinder entsprechend. Noch schwieriger wird es, wenn auch andere Aufgabenstellungen möglich sind, etwa: „Zähle in Zweierschritten von 6 ausgehend vorwärts bis 20!" Oder „Zähle in Dreierschritten von 9 ausgehend rückwärts!"

Alter:
ab 5 Jahren

Anzahl:
drei Kinder und mehr

Materialien:
keine

Zählen mit Lücke

So geht's:
Die Kinder zählen gemeinsam mehrmals, laut vorwärts und rückwärts von 1 bis 10 und klatschen zu jeder Zahl einmal in die Hände, stampfen oder klopfen sich auf die Oberschenkel ... Dann wird eine Zahl vereinbart, die beim Zählen nicht mehr laut genannt werden darf. Es soll aber trotzdem dazu geklopft werden. Wer die Zahl ausspricht oder vergisst zu klopfen, scheidet aus oder gibt ein Pfand und darf eine neue Zahl nennen, die jetzt tabu ist.

Variation:
Später kann der Zahlenbereich erweitert werden und es können auch zwei oder drei Zahlen vereinbart werden, die nicht mehr ausgesprochen werden dürfen. Sobald die Kinder das kleine Einmaleins beherrschen, können alle Vielfachen einer Zahl, z. B. alle Zahlen der Dreierreihe, tabu sein.

Zahlen hüpfen

Alter:
ab 6 Jahren

Anzahl:
ein Kind und mehr

Materialien:
Straßenkreiden oder Tonpapierkarten

Spielvorbereitung:
Auf den Boden werden Felder mit Zahlen gemalt, entweder in einer Art Torte oder als quadratisches Spielfeld angeordnet. Der Zahlenbereich erstreckt sich über den Bereich, den die Kinder sicher beherrschen. Die aufeinander folgenden Zahlen sollten nicht weiter als zwei bis drei Kästchen auseinander sein. Ersatzweise können auch Tonpapierkarten mit Zahlen auf den Boden gelegt werden.

So geht's:
Das Kind soll versuchen, die Zahlen in der richtigen Reihenfolge zu erhüpfen. Oder eine Spielleitung gibt konkrete Anweisungen, auf welche Zahl das Kind hüpfen soll.

Variation:
Später können die Anweisungen auch in Form einer Rechenaufgabe gegeben werden. Das Kind soll auf die Zahl springen, die es für das richtige Ergebnis hält.

Addieren und Subtrahieren

Die ersten Rechenaufgaben, denen die Kinder in der Schule begegnen, sind Additions- und Subtraktionsaufgaben im Zahlenraum bis zehn. Hier helfen zunächst die Finger beim Ausrechnen. Doch mit zunehmender Übung gewinnen die Kinder Sicherheit und ein genaueres Zahlenverständnis.
Auch für Rechenübungen gibt es im Alltag eine Fülle von Anlässen: Da können Preise addiert, Einkaufsmengen berechnet und die Tage bis zum Geburtstag gezählt werden. Wichtig ist, dass die Kinder möglichst oft anhand von konkreten Situationen und mit zählbaren Gegenständen rechnen. Erst später müssen sie abstrakte Rechenaufgaben bewältigen.

Alter:
ab 5 Jahren

Anzahl:
zwei bis vier Kinder

Materialien:
keine

Fingerrechnen

So geht's:
Die Kinder stehen sich einander zugewandt gegenüber und nehmen die Hände hinter den Rücken. Gemeinsam sagen sie nun folgenden Spruch: „Wer kann am schnellsten sagen, wie viele Finger wir hier haben?" Zum letzten Wort nehmen die Kinder die Hände gleichzeitig nach vorne, wobei jeder so viele Finger ausstrecken kann, wie er mag. Wer die Anzahl aller Finger am schnellsten nennt, hat gewonnen. Der Sieger erhält einen Punkt. Nach fünf bis zehn Runden werden die Punkte zusammengezählt und der beste Fingerrechner ermittelt.

Tipp:
Der Schwierigkeitsgrad kann angepasst werden, indem die Spielerzahl zwischen zwei und vier Kindern variiert wird, oder man legt fest, dass jeder Spieler nur eine Hand hinter dem Rücken verschwinden lässt.
Die Kinder, die miteinander spielen, sollten etwa gleich alt sein, bzw. über die gleichen Rechenkünste verfügen. Um langsame Rechner nicht zu benachteiligen, kann man auch vereinbaren, dass in jeder Runde ein anderes Kind die Anzahl nennen darf.

Rechenberg

Alter:
ab 6 Jahren

Anzahl:
fünf Kinder und mehr

Materialien:
keine

So geht's:
Bei diesem Spiel, das Kinder besonders lustig finden, sitzen alle in einem Stuhlkreis. Ein Kind beginnt und stellt dem Kind, das links neben ihm sitzt, eine Rechenaufgabe. Antwortet das gefragte Kind richtig, setzt es sich auf den Schoß des Kindes, das die Aufgabe gestellt hat. Es darf jetzt selbst dem Kind, das links neben ihm sitzt, eine Aufgabe stellen. Antwortet es falsch, geben erst die anderen Kinder die richtige Antwort, bevor diesem Kind eine neue Aufgabe gestellt wird. Bei jeder weiteren richtig gelösten Aufgabe setzt sich das entsprechende Kind auf die anderen. Wenn alle Kinder aufeinander sitzen, ist das Spiel zu Ende.
Der Schwierigkeitsgrad kann den Fähigkeiten der Kinder angepasst werden. Für jüngere Kinder können die Aufgaben z. B. lauten: „Acht ist größer als fünf." Oder: „Drei ist kleiner als vier."
Die Antwort lautet dann „stimmt" oder „stimmt nicht". Schwieriger wird es, wenn eine Rechenaufgabe eingebaut wird: „Zwei plus zwei ist weniger als fünf." Oder: „Drei plus eins ist gleich vier." Die Kinder können auch einfache Additions- oder Subtraktionsaufgaben stellen: „Fünf plus sechs ist?" Oder: „Neun minus drei ist?"

Rechnen auf der Treppe

Alter:
ab 6 Jahren

Anzahl:
ein Kind und mehr

Materialien:
keine

So geht's:
Es geht darum, im Zahlenbereich bis 10 sicher addieren zu können. Sie steigen miteinander eine Treppe hoch und zählen dabei laut die einzelnen Stufen. An einer beliebigen Stelle zwischen 1 und 10 bleiben Sie stehen und sagen „Stopp". Das Kind soll Ihnen sagen, mit welcher Zahl die zuletzt genannte Zahl ergänzt werden muss, damit das Ergebnis 10 ist. Später können Sie natürlich auch über den Zehnerbereich hinausgehen.

Alter:
ab 6 Jahren

Anzahl:
zwei Kinder und mehr

Materialien:
Dominosteine

Rechnen mit Dominosteinen

So geht's:
Die Spielsteine werden verdeckt auf dem Tisch verteilt. Reihum drehen die Kinder einen Stein um, sodass er für alle Mitspieler gut zu sehen ist. Wer zuerst die Punkte addiert hat und das Ergebnis richtig nennt, erhält den Stein.

Variation:
Sie können auch vereinbaren, dass die kleinere Punktzahl von der größeren abgezogen werden soll.

Alter:
ab 7 Jahren

Anzahl:
ein Kind und mehr

Materialien:
ein Kartenspiel (Rommeekarten), aus dem alle Bildkarten entfernt werden

Rechnen mit Spielkarten

So geht's:
Jeder Spieler erhält die gleiche Anzahl Spielkarten. Gleichzeitig decken alle Spieler zwei Karten auf und addieren den Wert ihrer Spielkarten. Der Spieler mit dem höchsten Ergebnis darf die Karten der anderen Spieler an sich nehmen und unter seinen Stapel legen. Kommen zwei Spieler zum gleichen Ergebnis, werden von ihnen zwei weitere Karten aufgedeckt, wer jetzt die höhere Punktzahl erreicht, erhält alle Karten. Wer hat nach einer vorher festgelegten Anzahl von Durchgängen die meisten Karten?

Tipp:
Werden jeweils zwei Karten aufgedeckt, erstreckt sich der Zahlenwert höchstens bis 20. Der Schwierigkeitsgrad kann gesteigert werden, wenn drei oder mehr Karten aufgedeckt werden.

Erbsen sammeln

Alter:
ab 6 Jahren

Anzahl:
zwei Kinder und mehr, Spielleitung

Materialien:
Stift, Papier, Erbsen

Spielvorbereitung:
Bereiten Sie einen Stapel von Zetteln mit Rechnungen vor. Die Ergebnisse schreiben Sie auf die Rückseite.

So geht's:
Die Spielleitung nimmt einen Rechenzettel nach dem anderen vom Stapel und liest die Aufgabe laut vor. Wer zuerst das richtige Ergebnis nennt, bekommt eine Erbse. Wer am Ende die meisten Erbsen hat, ist Sieger. Besonders reizvoll wird das Spiel, wenn der Sieger (oder jeder Mitspieler) die Erbsen anschließend in Gummibärchen umtauschen darf. Da die Lösung ja auf der Rückseite der Zettel steht, kann jedes Kind selbst einmal Spielleiter sein.

Bandwurm

Alter:
ab 6 Jahren

Anzahl:
zwei Kinder und mehr

Materialien:
keine

So geht's:
Ein Spieler beginnt und gibt eine Ausgangszahl und eine weitere Zahl, die addiert werden soll, vor. Abwechselnd beziehungsweise reihum soll jedes Kind immer wieder die gleiche Zahl zum Ergebnis des Vorgängers dazurechnen. Jeder hängt dabei dem Bandwurm ein neues Glied an. Ein Beispiel: Die Ausgangszahl lautet 4, die weitere Zahl 3. Der Bandwurm sieht folgendermaßen aus: 4 + 3 = 7; 7 + 3 = 10; 10 + 3 = 13; 13 + 3 …

Alter:
ab 6 Jahren

Anzahl:
zwei Spieler und mehr

Materialien:
Bierdeckel, Tonpapier, Schere, Stifte, Klebstoff, Papier

Bierdeckel werfen

Spielvorbereitung:
Bekleben Sie mehrere Bierdeckel auf beiden Seiten mit farbigem Tonpapier. Auf jede Seite schreiben Sie eine Zahl zwischen eins und zehn oder malen für jüngere Kinder Würfelbilder auf.

So geht's:
Ein Kind beginnt und wirft alle Bierdeckel in die Luft. Es zählt die Zahlen oder Punkte, die oben liegen, zusammen und schreibt sein Ergebnis auf einen Zettel. Jetzt wirft das nächste Kind die Bierdeckel. Wer nach einer vorher festgelegten Anzahl von Durchgängen die meisten Punkte erreicht hat, ist Sieger.

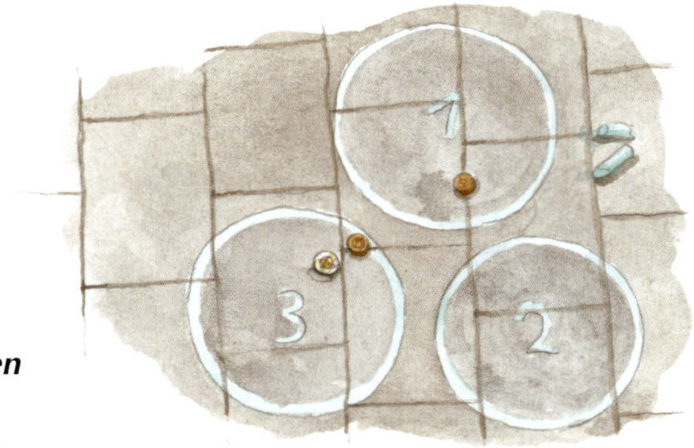

Münzen werfen

Alter:
ab 6 Jahren

Anzahl:
zwei Kinder und mehr

Materialien:
mehrere Münzen, Straßenkreiden oder ein großer Bogen festes Papier

Spielvorbereitung:
Mit der Straßenkreide werden drei Kreise auf den Boden gezeichnet und mit Zahlen von 1 bis 3 durchnummeriert.

So geht's:
Jedes Kind erhält zwei bis drei Münzen, die es mit einem Wurf in den Feldern platziert. Gewertet werden alle, die in einem Feld liegen bleiben mit der Punktzahl des Feldes. Die entsprechenden Punkte werden zusammengezählt. Wer erzielt die meisten Punkte? Es können auch mehrere Durchgänge gespielt werden.

Variation:
Wenn die Kinder gut rechnen können, können Sie auch mehr Kreise aufzeichnen, um den Schwierigkeitsgrad zu steigern. Für die ganz Großen können Sie zudem auch höhere Zahlen einsetzen.

Rechensprung

Alter:
ab 6 Jahren

Anzahl:
zwei Kinder und mehr, Spielleitung

Materialien:
Straßenkreiden oder Karton, Schere und Stifte

Spielvorbereitung:
Im Freien werden Kreise auf den Boden gemalt und mit den Zahlen von 1 bis 10 beschriftet. Wird im Haus gespielt, schneiden die Kinder vorher Scheiben aus Karton, beschriften sie mit den Zahlen und verteilen sie auf dem Fußboden.

So geht's:
Die Spielleitung nennt eine Rechenaufgabe, z. B.: „5 + 4 = ?" oder „10 – 8 = ?" Die Kinder rechnen leise und sollen möglichst schnell auf den Kreis oder die Scheibe mit der richtigen Lösung springen.

Tipp:
Die Kinder sollten etwa gleich gut rechnen können. Der Schwierigkeitsgrad kann den Rechenfähigkeiten der Kinder angepasst werden, indem die Anzahl der Zahlenkreise erweitert wird, entsprechend dem Zahlenbereich, in dem die Kinder rechnen können.

Variation:
Wenn die Kinder ohne Spielleitung spielen, darf immer das Kind, das als Erstes in den richtigen Zahlenkreis springt, eine neue Rechenaufgabe stellen.

Kaiserstuhl

Alter:
ab 6 Jahren

Anzahl:
fünf Kinder und mehr

Materialien:
ein Stuhl

So geht's:
Alle Kinder sitzen im Kreis, der Stuhl steht als Thron des Kaisers in der Mitte. Ein Kind beginnt und nennt eine Rechenaufgabe. Wer die Lösung als Erster weiß, darf sich auf den Kaiserstuhl setzen und den anderen eine neue Aufgabe stellen. Anstatt Additions- oder Subtraktionsaufgaben können auch beliebige Zahlen zum vollen Zehner ergänzt werden. Etwa so: Der Kaiser nennt die Zahl 7. Wer als Erster die 3 nennt, darf auf den Kaiserstuhl.

Alter:
ab 6 Jahren

Anzahl:
zwei Kinder und mehr

Materialien:
leere, große Plastikflaschen, Ball, Stifte

Kegeln

Spielvorbereitung:
Große Plastikflaschen eignen sich gut als Kegelersatz. Um damit ein Rechenspiel zu gestalten, werden die einzelnen Flaschen mit unterschiedlichen Zahlen beschriftet. Für jüngere Kinder bleibt man im Zahlenbereich von 1 bis 10, später können die Flaschen auch mit Zehnern oder auch Hundertern beschriftet werden.

So geht's:
Die Flaschen werden wie Kegel hintereinander aufgestellt, bevor die Kinder mit dem Ball durch Rollen oder Werfen versuchen, möglichst viele Treffer zu landen. Gewertet wird die Summe der Zahlen, die auf den umgeworfenen Flaschen stehen. Wenn die Kinder schon gut rechnen, können auch die Punkte von zwei oder drei Würfen zusammengezählt werden.

Alter:
ab 6 Jahren

Anzahl:
drei Kinder und mehr

Materialien:
Decke, Schnur oder Kreide

Zahlenmeister

Spielvorbereitung:
Das „Zahlenreich" wird mit einer Decke oder der Schnur markiert.

So geht's:
Ein Kind wird durch Auszählen zum Zahlenmeister bestimmt und setzt sich in das Zahlenreich. Die anderen Kinder stehen davor und sagen: „Zahlenmeister sag mir an, wie ich ins Zahlenreich kommen kann." Der Zahlenmeister antwortet mit einer Rechenaufgabe, zum Beispiel: „Ins Zahlenreich ist eingeladen, wer das Ergebnis zuerst kann sagen! 4 + 5 = ?" Es wird so lange weitergespielt, bis nur noch ein Kind übrig bleibt. Dieses Kind wird der neue Zahlenmeister und stellt den anderen seine Aufgaben.

Tipp:
Natürlich kann aus dem Zahlenreich auch ein Buchstabenreich werden, z. B. sind Wörter mit bestimmten Anfangsbuchstaben gesucht.

Rechenwettbewerb

Alter:
ab 5 Jahren

Anzahl:
ein Kind und mehr, Spielleitung

Materialien:
keine

So geht's:
Die Spielleitung stellt allen Mitspielern Rechenaufgaben. Wer die Antwort zuerst weiß, erhält einen Punkt. Der Schwierigkeitsgrad lässt sich dem Alter der Kinder anpassen. So kann eine Frage an jüngere Kinder lauten: „Wie viele Ohren hast du?" oder „Welche Zahl kommt vor 5?", „Strecke sechs Finger in die Luft." Älteren Kindern werden richtige Rechenaufgaben gestellt. Das kann auch so aussehen: „Ich habe 5, wie viel fehlt bis 9?"

Rechnen auf Reisen

Alter:
ab 7 Jahren

Anzahl:
ein Kind und mehr

Materialien:
eventuell Stift und Papier

So geht's:
Das Spiel bietet sich während einer Autofahrt an. Der Beifahrer nennt die Zahlen, die er auf dem Autokennzeichen eines voranfahrenden oder entgegenkommenden Autos sieht in Form einer Rechenaufgabe, etwa 547: 5 plus 4 plus 7. Wer die Lösung zuerst ausgerechnet hat, bekommt einen Punkt.

Taschengeld-Rechner

Alter:
ab 7 Jahren

Anzahl:
drei Kinder und mehr

Materialien:
mehrere verschiedene Geldstücke, Tuch

So geht's:
Ein Spieler legt verdeckt unter einem Tuch mehrere Geldstücke auf den Tisch und nimmt das Tuch weg. Wer kann am schnellsten berechnen, wie viel Geld auf dem Tisch liegt?

Tipp:
Ab dem Schuleintritt bietet es sich an, Kindern ein wenig Taschengeld zur freien Verfügung zu geben. So lernen sie den Umgang mit eigenem Geld kennen. Berechnungen ergeben sich dann ganz von selbst: Wie oft muss ich mein Taschengeld sparen, um mir etwas Bestimmtes leisten zu können? Oder: Wie viel Geld bleibt übrig, wenn ich mir dies oder das kaufe?

Alter:
ab 6 Jahren

Anzahl:
zwei Kinder und mehr

Materialien:
Pappe, Stifte, Würfel, Spielfiguren

Rechenschlange

Spielvorbereitung:
Fertigen Sie einen Spielplan an, indem Sie auf die Pappe eine große Schlange zeichnen, die aus lauter einzelnen Feldern mit Rechenaufgaben besteht. Im Schlangenkopf befindet sich das Startfeld, am Schlangenende das Ziel.

So geht's:
Die Kinder würfeln wie bei einem normalen Würfelspiel reihum und rücken entsprechend der gewürfelten Augenzahl weiter. Da sich auf jedem Spielfeld aber auch noch eine Rechenaufgabe befindet, haben sie noch eine weitere Chance, voran zu kommen. Lösen sie nämlich die Rechenaufgabe auf Anhieb richtig, dürfen sie zudem um die entsprechende Punktzahl weiterrücken.

Variation:
Der Schwierigkeitsgrad und auch die Spannung können gesteigert werden, wenn die Kinder um die entsprechende Punktzahl zurückmüssen, falls sie die Aufgabe falsch lösen. Oder wer falsch rechnet, muss eine Runde aussetzen.

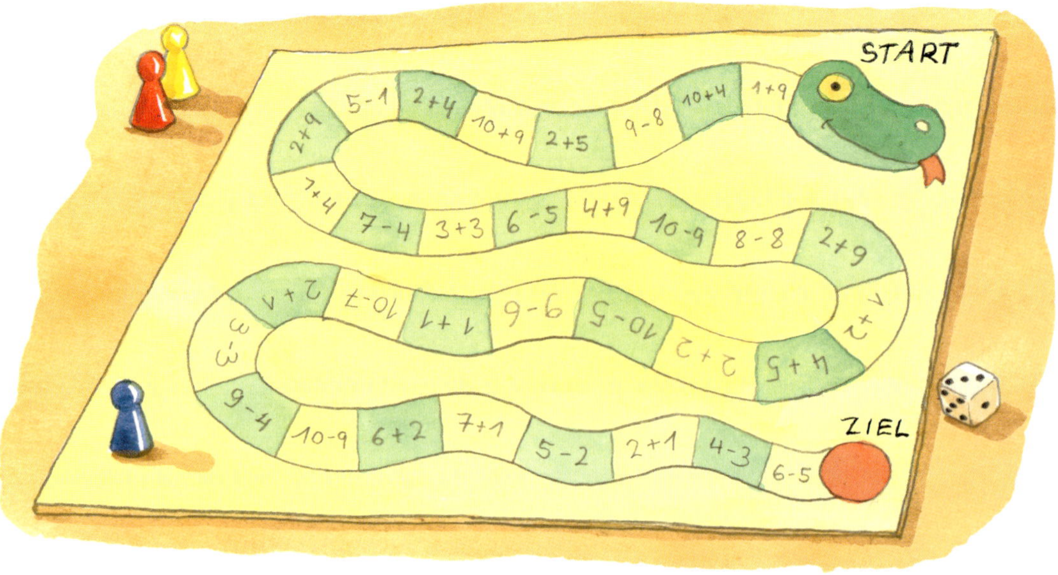

Flaschendrehen

Alter:
ab 6 Jahren

Anzahl:
drei Kinder und mehr

Materialien:
eine leere Flasche

So geht's:
Alle Kinder sitzen oder knien im Kreis auf dem Boden. Ein Kind beginnt und nennt eine Rechenaufgabe. Dann setzt es die Flasche in Bewegung, sodass sie sich dreht. Das Kind, das in der Richtung sitzt, in die der Flaschenhals zeigt, versucht, die Aufgabe zu lösen. Hat es das richtige Ergebnis genannt, stellt es selbst eine neue Aufgabe und dreht die Flasche. War das Ergebnis falsch, scheidet das Kind aus oder gibt ein Pfand.

Tipp:
Auf diese Weise können auch Wörter buchstabiert oder beliebige andere Aufgaben gestellt werden.

Werfen, Fangen und Rechnen

Alter:
ab 6 Jahren

Anzahl:
zwei Kinder und mehr, evtl. Spielleitung

Materialien:
ein Ball

So geht's:
Die Kinder stehen einander gegenüber oder im Kreis und werfen sich den Ball reihum zu. Der Werfer darf dem nächsten Fänger eine Rechenaufgabe stellen, dieser nennt die Lösung der Aufgabe. Stimmt das Ergebnis, wirft er den Ball weiter und stellt selbst die nächste Aufgabe. Stimmt es nicht, scheidet er aus oder wirft den Ball an seinen Vorgänger zurück und erhält dann mit dem nächsten Wurf eine neue Aufgabe. Natürlich rechnen alle Mitspieler mit, um das Ergebnis zu kontrollieren.

Variation:
Es kann auch mit einer Spielleitung gespielt werden, die in der Mitte steht und den einzelnen Kindern den Ball zuwirft und eine Aufgabe stellt. Wird die Aufgabe richtig gelöst, erhält das Kind einen Punkt.

Tipp:
Ein erwachsener Spielleiter ist besonders dann sinnvoll, wenn die Rechenfähigkeiten der mitspielenden Kinder sehr unterschiedlich sind. Er kann den Schwierigkeitsgrad anpassen.

Würfelspiele

Schon im Kindergarten spielen Kinder mit Würfeln. Müssen sie zunächst noch die Punkte auf dem Würfel zählen, so bekommen sie schnell einen Blick für das Würfelbild. Beim Spiel mit mehreren Würfeln müssen die Würfelaugen addiert oder subtrahiert werden. Dabei wird schon mit zwei Würfeln der Zahlenraum bis zehn überschritten. Gefangen durch das Spiel merken die Kinder meist gar nicht, dass sie hier ständig rechnen. Sie festigen ihr mathematisches Grundwissen und bauen es aus.

Alter:
ab 5 Jahren

Anzahl:
drei Kinder und mehr

Materialien:
ein oder mehrere Würfel

Zahlenkönig

So geht's:
Die Kinder bestimmen durch Auszählen, wer der erste Zahlenkönig sein darf. Der Zahlenkönig gibt den Mitspielern vor, welche Zahl sie würfeln sollen. Schafft es ein Kind, die vorgegebene Zahl zu würfeln, wird es selbst zum Zahlenkönig und gibt die nächste Zahl vor. Würfeln mehrere Kinder die vorgegebene Zahl, veranstaltet der König ein Stechen.

Variation:
Schwierig wird es, wenn mit mehreren Würfeln gespielt wird. Der Zahlenkönig gibt eine Zahl zwischen 2 und 12 vor. Die Summe der Würfelaugen soll die genannte Zahl ergeben. Oder der Würfelkönig gibt die gewünschte Zahl durch eine Rechenaufgabe bekannt. Er verlangt z. B.: „Würfelt 10 – 5." Die Spieler versuchen dann, mit mehreren Würfeln insgesamt fünf Augen zu erzielen.

Tipp:
Spielt man mit zwei Würfeln, so ist 7 das häufigste Würfelergebnis.

Wirkung:
Kinder üben, eine Menge bis 6 zunächst abzuzählen, später auf einen Blick zu erfassen. Wird mit zwei Würfeln gespielt, sammeln die Kinder erste Rechenerfahrungen.

Käfer würfeln

Alter:
ab 4 Jahren

Anzahl:
zwei Kinder und mehr

Materialien:
Würfel, Papier und Stifte

So geht's:
Jedes Kind darf für sich eine Zahl zwischen 1 und 6 wählen und auf sein Papier schreiben. Jetzt wird reihum gewürfelt. Immer wenn ein Kind seine Zahl würfelt, darf es einen Teil seines Käfers malen. Der Käfer besteht aus einem Körper, sechs Beinen und einem Kopf mit Augen und zwei Fühlern. Wer seinen Käfer zuerst fertig malen konnte, hat gewonnen.

Würfelstern

Alter:
ab 5 Jahren

Anzahl:
zwei Kinder und mehr

Materialien:
Würfel, Stifte und Papier

So geht's:
Ein Kreis wird als Mittelpunkt aufgemalt. Von diesem Kreis ausgehend malt jedes Kind sechs Felder in seine Richtung, in die es die Zahlen von 1 bis 6 einträgt. Die Kinder würfeln reihum. Wer eine 6 würfelt, darf einen Kringel um die 6 machen. So geht es weiter mit der 5, der 4 … Die Zahlen müssen in der richtigen Reihenfolge eingekreist werden. Wer also nach der 4 eine 2 würfelt, kann keinen Kringel anbringen. Wer zuerst alle Zahlen eingekreist hat, ist Sieger.

Alter:
ab 5 Jahren

Anzahl:
zwei Kinder und mehr

Materialien:
Streichhölzer, ersatzweise Knöpfe, Steine, Erbsen, Nüsse, Gummibärchen ..., Würfel

Streichhölzer würfeln

So geht's:
Alle Kinder sitzen um den Tisch. In der Mitte liegt ein Haufen Streichhölzer. Die Kinder würfeln reihum und nehmen entsprechend der gewürfelten Zahl Streichhölzer vom Haufen. Wer am Schluss dann die meisten Streichhölzer besitzt, hat gewonnen.

Variation:
Die Kinder können auch mit zwei Würfeln spielen und die Würfelpunkte zusammenzählen oder abziehen und üben auf diese Weise Addieren oder Subtrahieren.
Komplizierter wird es, wenn sie entsprechend der höheren Würfelzahl Streichhölzer an sich nehmen dürfen und entsprechend der niedrigeren Würfelzahl Streichhölzer an ihren rechten Nachbarn weitergeben sollen.

Wirkung:
Kinder üben, die Anzahl der Würfelpunkte auf einen Blick zu erfassen und die entsprechende Anzahl Streichhölzer abzuzählen. Will man gleichzeitig die Feinmotorik schulen, müssen die Kleinteile mit einer Pinzette aufgenommen werden.

Alter:
ab 5 Jahren

Anzahl:
drei Kinder und mehr

Materialien:
Würfel, Streichhölzer, ersatzweise Knöpfe, Nudeln ...

Weitergeben

So geht's:
Jedes Kind erhält die gleiche Anzahl Streichhölzer (10 – 15 Stück). Es wird reihum gewürfelt. Nach jedem Wurf darf der Spieler so viele Streichhölzer an seinen linken Nachbarn weitergeben, wie er Augen gewürfelt hat. Wer als Erster alle Streichhölzer weitergeben konnte, hat gewonnen. Es kann aber noch so lange weitergespielt werden, bis ein Spieler alle Streichhölzer an sich nehmen musste. Schwieriger wird es, wenn der letzte Wurf genau passen muss. Wer also zum Beispiel noch fünf Streichhölzer hat, aber eine Sechs würfelt, kann keine Streichhölzer weitergeben. Er muss sein Glück in der nächsten Runde versuchen.

Zum Zehner ergänzen

Alter:
ab 6 Jahren

Anzahl:
zwei Kinder und mehr

Materialien:
Würfel, Knöpfe, Erbsen oder Gummibärchen

So geht's:
Es wird reihum gewürfelt. Die Kinder sollen versuchen, möglichst schnell die Zahl zu nennen, die noch fehlt, damit ein voller Zehner entsteht. Jana würfelt beispielsweise eine 6, Tom sagt als Erster 4 und erhält einen Knopf. Wer nach mehreren Durchgängen die meisten Knöpfe besitzt, hat gewonnen.

Nudelkönig

Alter:
ab 7 Jahren

Anzahl:
zwei Kinder und mehr

Materialien:
zwei Würfel, eine Schüssel mit Nudeln, Knöpfen, Reiskörnchen oder dergleichen

So geht's:
Jeder Spieler erhält gleich viele Nudeln (etwa 20), die restlichen Nudeln liegen in der Schüssel. Jetzt wird mit zwei Würfeln reihum gewürfelt und die Würfelpunkte werden addiert. Wenn das Ergebnis 11 ist, darf der Spieler 11 Nudeln aus der Schüssel nehmen. Jede andere Punktzahl von 2 bis 10 wird zu 11 ergänzt. Die Differenz muss aus dem eigenen Vorrat in die Schüssel gelegt werden. Ist das Ergebnis 12, muss eine Nudel abgegeben werden (12 – 1 = 11). Würfelt Bernd also beispielsweise 8, muss er drei Nudeln in die Schüssel legen. Wer nach mehreren Durchgängen die meisten Nudeln hat, ist der Nudelkönig.

Gerade und ungerade

Alter:
ab 6 Jahren

Anzahl:
zwei Kinder und mehr

Materialien:
Würfel, Stifte, Papier

So geht's:
Die Kinder würfeln reihum und rechnen ihre Würfelpunkte zusammen. Aber Achtung, es dürfen nur die geraden (oder ungeraden) Zahlen addiert werden. Wer hat nach fünf Runden die meisten Punkte oder wer erreicht eine vorher vereinbarte Zahl zuerst?

Alter:
ab 6 Jahren

Anzahl:
zwei Kinder und mehr

Materialien:
zwei oder vier Würfel, eventuell Stifte und Papier

Auf- und abwürfeln

So geht's:
Zwei Kinder spielen gegeneinander, spielen mehrere Kinder, werden zwei Gruppen gebildet. Die Kinder vereinbaren miteinander ein Ziel, das erreicht werden soll, z. B. 20 Punkte. Nun beginnen die Kinder abwechselnd zu würfeln und zählen die erreichten Punkte jedes Durchgangs zu den Punkten der vorigen Runde. Wer erreicht das Ziel zuerst?
Es kann auch vereinbart werden, dass das Ziel genau erreicht werden muss, wer also bereits 18 Punkte hat, braucht dann unbedingt zweimal die Eins oder eine Zwei, um das Ziel zu erreichen. Drei Punkte sind schon wieder zu viel und zählen deshalb nicht.

Variation:
Natürlich kann das Ziel auch deutlich höher gesteckt werden. Passen Sie den Schwierigkeitsgrad den Rechenkünsten der Kinder und dem vertrauten Zahlenbereich an. Man kann auch mit zwei Würfeln gleichzeitig würfeln, so muss zusätzlich addiert werden. Vergessen die Kinder die erreichten Punkte leicht, können sie sich nach jedem Durchgang Notizen machen.
Natürlich können die Kinder auch „abwürfeln", das heißt eine vorher vereinbarte Punktzahl abbauen, indem sie die Augen jedes Wurfes abziehen.

Alter:
ab 7 Jahren

Anzahl:
ein Kind und mehr

Materialien:
fünf weiße und ein schwarzer Würfel, eventuell Würfelbecher

Plus-Minus

So geht's:
Das Kind würfelt mit allen sechs Würfeln gleichzeitig und bekommt die Aufgabe, alle Punkte der weißen Würfel zu addieren und die Punkte des schwarzen Würfels vom Gesamtergebnis zu subtrahieren. Würfelt es also z. B. mit den weißen Würfeln 1, 3, 5, 3, 6 und mit dem schwarzen Würfel 5, rechnet es 1 + 3 + 5 + 3 + 6 – 5 = ?
Um zum Ergebnis zu gelangen, kann das Kind je nach Rechenfähigkeit im Kopf addieren und subtrahieren oder jeden einzelnen Rechenschritt aufschreiben, also 1 + 3 = 4; 4 + 5 = 9; 9 + 3 …

Hausnummern würfeln

Alter:
ab 7 Jahren

Anzahl:
zwei Kinder und mehr

Materialien:
Würfel, Stift, Papier

So geht's:
Die Kinder würfeln reihum eine möglichst hohe dreistellige Hausnummer. Jedes Kind darf dreimal würfeln. Nach jedem Wurf muss sich das Kind entscheiden, an welcher Stelle die Zahl stehen soll. Jana würfelt beispielsweise zuerst eine 1 und setzt sie an die Einerstelle, dann würfelt sie eine 5 und setzt sie an die Hunderterstelle, zuletzt würfelt sie eine 6, die sie an die Zehnerstelle setzen muss. Die Hausnummer lautet also 561. Wer die höchste Hausnummer zusammengestellt hat, ist Sieger.

Zehner sammeln

Alter:
ab 7 Jahren

Anzahl:
zwei Kinder und mehr

Materialien:
fünf oder sechs Würfel

So geht's:
Jedes Kind hat drei Würfe mit allen Würfeln. Nach jedem Wurf versucht es, aus den geworfenen Würfelbildern möglichst viele Zehner zusammenzustellen. Es werden nur die geraden Zehner gewertet und jedes Würfelbild darf nur einmal verwendet werden. Wer zuerst eine bestimmte Punktzahl erreicht, ist Sieger.
Oder es wird vorher vereinbart, wie viel Runden zu spielen sind. Wer hat zum Schluss die meisten Punkte?
Beispiel: Jana würfelt 1, 1, 4, 5, 6: ein Zehner, nämlich 1 + 4 + 5 oder 4 + 6.
Dann würfelt Jana 1, 2, 3, 3, 5: wieder ein Zehner, nämlich 2 + 3 + 5.
Zuletzt würfelt sie 2, 4, 4, 5, 5: diesmal hat sie gleich zwei Zehner, nämlich 2 + 4 + 4 und 5 + 5.
Jana hat insgesamt 40 Punkte erreicht.

Die Schreibweise entspricht den Regeln
der neuen Rechtschreibung.

4 3 2 03 04 05

Illustrationen: Silvio Neuendorf
Fotos: S. 12, 36, 104 Heidi Velten;
S. 21, 24, 28, 48, 56, 80, 92 Ulrich Niehoff
Umschlagfoto: F1online
Umschlagkonzeption: Schmieder & Sieblitz
Redaktion: Britta Vorbach
Printed in Germany

ISBN 3-473-37833-X

www.ravensburger.de